Finanzplaner Berufseinsteiger

Thomas Hammer

Finanzplaner **Berufseinsteiger**

Geld, Steuern, Versicherungen, Altersvorsorge, Vermögensaufbau verständlich erklärt

Stiftung Warentest

Inhaltsverzeichnis

12
Finanzplanung kann einfach sein: Wenige Produkte genügen

35
Geld über die Steuererklärung zurückholen

145

7 Schritte zum Ziel mit klaren Handlungspaketen

91

Guter Schutz ist wichtig: Welche Versicherungen Sie benötigen, welche nicht

84

Onlinebanking: Was Sie für Ihre Sicherheit beachten sollten

157

Vermögensaufbau leicht gemacht

Was wollen Sie wissen?

Wie bekomme ich nach dem Start ins Berufsleben den Überblick über meine Finanzen und Versicherungen? Machen Sie sich fit für den finanziellen Alltag – auch ohne Erfahrung in Geldfragen können Sie Ihre Finanzen erfolgreich planen!

Meine Chefin bietet mir vermögenswirksame Leistungen an. Ist das sinnvoll?

Bei den vermögenswirksamen Leistungen (VL) wird ein kleiner Teil Ihres Nettogehaltes direkt vom Arbeitgeber in einen Sparvertrag eingezahlt. Manche Arbeitgeber übernehmen die Sparraten sogar ganz oder teilweise zusätzlich zum Gehalt. Und: Wer ein niedriges Jahreseinkommen hat, bekommt vom Staat noch Arbeitnehmersparzulage. Wenn Sie einen Zuschuss vom Arbeitgeber bekommen, sollten Sie in jedem Fall zugreifen. Azubis verdienen meist nicht so viel und erhalten deshalb die Arbeitnehmersparzulage, sodass sich vermögenswirksame Leistungen für sie ohnehin immer lohnen. Wie die VL im Detail funktionieren, finden Sie im Kapitel „VL: Der Staat spart mit) ab S. 42.

Von meinem Gehalt wird Steuer abgezogen. Muss ich jetzt eine Steuererklärung machen?

Grundsätzlich gilt: Wer außer seinem Einkommen aus nichtselbstständiger Arbeit – also als Arbeitnehmer – keine weiteren Einkünfte hat, muss keine Einkommensteuererklärung beim Finanzamt abgeben. Dennoch kann es sich lohnen, die Steuererklärung auf freiwilliger Basis zu erstellen (siehe „Einkommensteuererklärung: Das rechnet sich!" ab S. 35).

Wenn Sie hohe Werbungskosten vorweisen können, weil Sie beispielsweise teure Fortbildungen gemacht oder einen weiten Anfahrtsweg zur Arbeit haben, haben Sie gute Chancen auf die Rückerstattung eines Teils Ihrer abgezogenen Lohnsteuer. Ein nützlicher Helfer ist dabei die Steuersoftware, die Ihnen den Formularkrieg erleichtert.

Ich muss plötzlich Gebühren fürs Girokonto zahlen. Lohnt sich ein Bankwechsel?

Viele Banken ködern Studenten und Azubis mit kostenlosen Girokonten. Doch nach dem Abschluss werden dann die Konten gebührenpflichtig. Ist das auch bei Ihnen der Fall? Dann sollten Sie die Gebühren Ihrer derzeitigen Bank mit denen der Konkurrenz vergleichen. Wie das einfach geht, zeigen wir Ihnen ab S. 72 im Kapitel „Girokonto: Wie finde ich das günstigste Angebot?". Bietet ein anderes Geldinstitut günstigere Konditionen, sollten Sie die Bank wechseln. Die bisherige Bank muss beim Umzug mithelfen, indem sie der neuen Bank eine Buchungsliste zur Verfügung stellt. Dann können Lastschriften automatisch geändert werden. So können Sie mit wenig Aufwand die Gebühren senken.

Welche Versicherungen brauche ich als Berufseinsteigerin?

Beim Einstieg ins Berufsleben sollten Sie sich möglichst schnell um Ihre Versicherungen kümmern. Wichtig ist das auch, weil bei manchen Versicherungen nach dem Abschluss von Ausbildung oder Studium die kostenlose Mitversicherung bei den Eltern endet. Das ist beispielsweise bei der privaten Haftpflichtversicherung der Fall. Hier sollten Sie sich so schnell wie möglich selbst versichern, um sich bei einem Missgeschick vor hohen finanziellen Forderungen zu schützen. Wichtig sind darüber hinaus die Reisekrankenversicherung für die Absicherung von Behandlungskosten auf Auslandsreisen und die Berufsunfähigkeitsversicherung. Welche Versicherungen Sie brauchen und welche nicht, erfahren Sie ab S. 91 im Kapitel „Richtig versichern".

Ich kann jeden Monat 500 Euro sparen. Wie lege ich das Geld am besten an?

Welches Anlageprodukt für einen Sparplan am besten geeignet ist, hängt davon ab, für welchen Zweck Sie das Geld verwenden wollen. Für den Aufbau einer ersten Geldreserve und das Sparen auf Anschaffungen wie etwa ein Auto eignet sich ein Tagesgeldkonto am besten. Haben Sie bereits den Erwerb einer Eigentumswohnung im Blick, können Sie auch über einen Bausparvertrag nachdenken. Oder Sie legen einen Teil der Sparrate gleich für den langfristigen Vermögensaufbau auf die Seite und kaufen damit Anteile an einem Aktienfonds. Welche Chancen und Risiken einzelne Anlageprodukte mit sich bringen und wofür sie sich eignen, erläutern wir ausführlich im Kapitel „Sparen und anlegen" ab S. 117.

Ein Freund hat mit Bitcoin hohe Gewinne gemacht. Soll ich ebenfalls einsteigen?

Bei Bitcoin, Ethereum und anderen Kryptowährungen handelt es sich um virtuelle Zahlungsmittel, die nicht von einem Staat, sondern von einer Online-Nutzergemeinschaft herausgegeben und verwaltet werden. Spezielle Verschlüsselung soll für Fälschungssicherheit sorgen. Auf Online-Marktplätzen sind der Kauf und Verkauf der virtuellen Währungen möglich. In der Tat gab es in der Vergangenheit Phasen, in denen der Bitcoin-Preis innerhalb kurzer Zeit unglaublich stark gestiegen ist. Allerdings gibt es immer wieder auch steile Kursabstürze. Weil hinter den Kryptowährungen keine realen Gegenwerte stehen, hängt deren Bewertung allein von Angebot und Nachfrage ab – für eine solide Kapitalanlage taugen sie somit nicht. Mehr zu Kryptowährungen lesen Sie ab S. 138 im Kapitel „Crowdinvesting, Bitcoin und Robo-Advisor".

Ich möchte mit dem Geld besser klarkommen, habe aber keinen Plan. Wie kann ich vorgehen?

Die Planung der eigenen Finanzen ist gar nicht schwierig, wenn man Schritt für Schritt vorgeht und alles so einfach wie möglich hält. Beginnen Sie mit den Einnahmen und Ausgaben: Nur wenn am Ende jedes Monats etwas übrig bleibt, können Sie ein finanzielles Polster aufbauen. Dann suchen Sie für die wenigen Versicherungen, die Sie wirklich brauchen, die Angebote mit dem besten Preis-Leistungs-Verhältnis. Im nächsten Schritt planen Sie die anstehenden größeren Anschaffungen, und dann geht es an den Vermögensaufbau. Im Kapitel „Sieben Schritte zum Erfolg" erfahren Sie ab S. 145, wie Sie eine ganz einfache und erfolgreiche Finanzplanung auf die Beine stellen.

Gleich richtig loslegen

Wer zum ersten Mal eigenes Geld verdient, sollte sich mit einigen Finanzfragen befassen. Keine Panik: Das ist viel leichter als oftmals vermutet.

Wer nach der Schule eine Ausbildung beginnt oder nach dem Studium ins Berufsleben einsteigt, freut sich aufs erste Gehalt. Ob ein paar Hundert Euro Ausbildungsvergütung oder ein ordentlich vierstelliges Monatsgehalt als frisch gebackener Bachelor: Endlich füllt sich das Konto nicht mehr mit Bafög oder elterlicher Unterstützung, sondern mit dem selbst verdienten Lohn! Gleichzeitig kommen ganz neue Fragen auf. Was bedeuten die Sozialabgaben und Steuern auf der Gehaltsabrechnung – und kann ich dabei etwas einsparen? Wie kann ich von den Einnahmen am besten Geld für spätere Anschaffungen oder für den Vermögensaufbau auf die Seite legen? Wo bin ich noch über die Eltern versichert, und um welche Versicherungsverträge muss ich mich jetzt selbst kümmern?

Wenn Sie mit dem Start in den Beruf aus dem Elternhaus ausziehen, gilt es, die Einnahmen und Ausgaben solide zu planen und günstige Strom- und Telefonverträge zu finden. Und vielleicht träumen Sie davon, in den eigenen vier Wänden zu wohnen, und überlegen, wie das klappen kann.

Die Weichen von Anfang an richtig stellen

Konzentrieren Sie sich auf die Verträge und Finanzprodukte, die Sie wirklich brauchen. Dann lichtet sich der Angebotsdschungel schnell. Wir verraten Ihnen, worauf es ankommt.

Steuern, Versicherungen, Finanzplanung, Geldanlage – damit fühlen sich so manche frisch durchgestarteten Berufseinsteiger und -einsteigerinnen erst einmal überfordert. Man denkt an unverständliche Gesetzestexte, komplizierte Vertragsklauseln und wenig prickelnde Rechenarbeit – und würde das ganze Thema am liebsten möglichst weit wegschieben. Damit steigt jedoch die Gefahr, das perfekte Opfer für diejenigen zu werden, die uninformierten Verbrauchern teure, nutzlose und riskante Geldprodukte aufschwatzen. Wenn Sie solche Reinfälle vermeiden wollen, bleibt Ihnen nichts anderes übrig, als sich Grundwissen rund ums Geld anzueignen.

Doch es gibt auch eine gute Nachricht: Der Aufwand, um den Durchblick zu bekommen und teure Fehlentscheidungen zu vermeiden, ist weit geringer, als viele vermuten. Sie müssen weder Wirtschaftswissenschaften studieren noch zehn Finanz-Blogs täglich lesen, um mit Ihrem Geld klarzukommen, Vermögen aufzubauen und finanzielle Risiken verlässlich einschätzen zu können.

Der Trick dabei: Konzentrieren Sie sich auf die Verträge und Finanzprodukte, die Sie wirklich brauchen. Den Rest können Sie links liegen lassen. Am Ende werden Sie überrascht feststellen, dass ein ordentliches Maß an Minimalismus nicht nur Ihren Lern- und Informationsaufwand drastisch verringert, sondern auch für die optimale Übersicht in allen Geldangelegenheiten sorgt.

Um welche Bereiche geht es?

Die Finanzplanung lässt sich in vier Bereiche aufteilen:

1. Die Einnahmen und Ausgaben im Griff behalten,
2. Risiken absichern,
3. Guthaben für spätere Ausgaben und Notfälle bilden sowie
4. Vermögensaufbau und Altersvorsorge.

Die Übersichtsgrafik zeigt, dass Sie für jeden einzelnen Bereich mit wenigen Finanzprodukten auskommen. Es genügt also voll und ganz, wenn Sie über die Produkte Bescheid wissen, die Sie wirklich brauchen – den Rest

Alltägliche Einnahmen und Ausgaben
Girokonto
Kreditkarte
Dispokredit
Ratenkredit
Risiken absichern
Private Haftpflichtversicherung
Berufsunfähigkeitsversicherung
Reisekrankenversicherung
Kfz-Versicherung
eventuell weitere Verträge
Finanz-planung
Notfallreserve und Sparen auf Anschaffungen
Tagesgeldkonto
Vermögensaufbau und Altersvorsorge
Investmentfonds und ETF
vermögenswirksame Leistungen (VL)
betriebliche Altersvorsorge
Riester-Sparen

30
SEKUNDEN FAKTEN

45 %
der jungen Menschen schätzen ihren Wissensstand über die Börse als schlecht ein.

38 VON 100
jungen Menschen informieren sich bei ihren Eltern oder anderen Familienangehörigen zu Geldfragen.

77 %
der jungen Menschen halten Finanzbildung für „eher wichtig" oder für „sehr wichtig"

Quelle: Finanzbildungsstudie des Deutschen Instituts für Altersvorsorge (DIA)

können Sie ignorieren. Wie beispielsweise ein Rolling-Discount-Zertifikat auf den japanischen Nikkei-Aktienindex funktioniert, mag für Finanz-Nerds interessant sein. Was Sie darüber wissen sollten, ist hingegen nur, dass Sie keines brauchen.

> **Immer wieder zeigen Untersuchungen, dass es nur wenigen Schulen gelingt, ihre Schüler für die finanziellen Anforderungen im Alltag fit zu machen.**

Darüber hinaus ist es noch sinnvoll, in Grundzügen informiert zu sein, wie die Einkommensteuer und die Sozialversicherung funktionieren. Auch hier ist es längst nicht notwendig, sich mühsam und langwierig das ganze Expertenwissen anzueignen. Aber wenn Sie in der Lage sind, Ihre Steuererklärung selbst oder mithilfe einer kostengünstigen Steuer-Software auszufüllen, sparen Sie sich das teure Honorar für Steuerberatung und können gezielter dafür sorgen, dass Sie nicht zu viel Steuern zahlen.

Bildungslücke an Schulen

Leider ist es so, dass an den Schulen kaum Alltagswissen zum Thema Finanzen vermittelt wird – das zieht sich durch alle Schularten von der Hauptschule bis zum Gymnasium. Immer wieder zeigen Untersuchungen und Studien, dass es nur wenigen Schulen gelingt, ihre Schülerinnen und Schüler für die finanziellen Anforderungen im Alltag fit zu machen.

Wer sein Abitur in der Tasche hat, kann vielleicht Integralrechnen oder lateinische Texte interpretieren. Aber viele wissen nicht, mit welchen einfachen Maßnahmen sie in ihrem späteren Alltag ihre laufenden Ausgaben senken können, wie eine private Haftpflichtversicherung funktioniert oder wo die Gefahren bei der Aufnahme von Konsumkrediten lauern. Wenn solche Alltagskompetenzen in der Schule vermittelt werden, resultiert das eher aus dem Engagement einzelner Lehrerinnen und Lehrer als aus dem Lehrplan. Kein Wunder also, dass junge Leute in einschlägigen Umfragen meist angeben, dass sie ihre Informationen zu Geldanlage eher von Eltern und Freundinnen und Freunden als aus der Schule beziehen.

Daher brauchen Sie sich nicht schlecht zu fühlen, wenn Ihre Wissenslücken rund um die persönlichen Finanzen das gefühlte Ausmaß eines offenen Scheunentors erreichen. Es ist nicht so, dass Sie es nicht kapiert haben – man hat lediglich versäumt, es Ihnen beizubringen.

Bankberatung? Gibt es nicht!

Banken und Finanzvermittler werben gerne mit kompetenter Beratung. Doch deren Interesse gilt nur allzu oft der Maximierung ihrer Erträge aus dem Verkauf von Finanzprodukten.

Keine echte Hilfe sind Banken und Finanzvertriebe, wenn es um neutrale Informationen zu Finanzprodukten geht. Deren Angestellte kennen sich zwar mit der Materie aus, empfehlen jedoch nur die Produkte, die ihnen von ihrem Arbeitgeber vorgeschrieben werden. Damit ist die „kompetente Beratung“, mit der die Geldhäuser gerne werben, im Grunde eine Mogelpackung.

Wenn Ihnen beispielsweise eine Bankberaterin empfiehlt, für den langfristigen Vermögensaufbau einen Fondssparplan einzurichten, dann mag dies grundsätzlich richtig sein. Allerdings wird sie Ihnen nur Fonds empfehlen, die ihre Bank im Sortiment hat und für deren Verkauf sie eine Provision erhält. Dass ein Sparplan mit ETF viel kostengünstiger sein kann oder Sie beim Abschluss des Fondssparplans bei einer Direktbank im Lauf einiger Jahre mehrere Hundert Euro an Ausgabeaufschlägen einsparen können, wird sie Ihnen geflissentlich verschweigen.

Es gibt keine kostenlosen Beratungen, sondern nur Verkaufsgespräche.

Warum ist das so? Banken und Finanzvertriebe leben davon, dass sie an den verkauften Verträgen verdienen – vor allem in Form von Provisionen. So erhält etwa eine Bank von der Fondsgesellschaft den Ausgabeaufschlag, wenn sie Ihnen einen Fondssparplan, einen Bausparvertrag oder einen Riester-Sparplan verkauft. Dasselbe gilt auch für Finanzvertriebe, auch wenn deren Mitarbeiterinnen und Mitarbeiter gerne behaupten, dass sie „bankenunabhängig" sind. Sie sind vielleicht nicht abhängig von einer einzelnen Bank, aber sie leben von den Provisionen, die sie für den Verkauf ihrer Spar- und Anlageverträge oder Versicherungen erhalten. Das heißt: Es gibt keine kostenlosen Beratungen, sondern nur Verkaufsgespräche.

Zwar gibt es auch wirklich unabhängige Finanzberaterinnen und -berater, die ausschließlich auf Honorarbasis arbeiten und entweder nur provisionsfreie Produkte empfehlen oder die erhaltenen Provisionen komplett an die Kunden weiterreichen. Allerdings rechnen diese Fachleute ihre Leistungen in der Regel nach Zeitaufwand ab – und der ist bei kleineren Anlagebeträgen oft nur unwesentlich geringer als bei höheren Summen. Für eine Beratung zu Altersvorsorge oder Finanzplanung kommen dann schnell einige Hundert Euro an Honorar zusammen, was bei Azubis oder Berufsneulingen mit kleinem Vermögen häufig in einem ungünstigen Verhältnis zur Anlagesumme steht.

Preiswerter sind die Beratungsangebote der Verbraucherzentralen, die entweder in den Beratungsstellen oder telefonisch durchgeführt werden. So kostet etwa bei der Verbraucherzentrale Nordrhein-Westfalen eine 90-minütige individuelle Beratung zu Geldanlage und Altersvorsorge 165 Euro.

Schritt für Schritt vorgehen

Dieses Buch zeigt Ihnen, wie Sie sich von Finanzverkäufern unabhängig machen und die für Sie sinnvollen Produkte selber herausfiltern können. Schritt für Schritt bekommen Sie Ihre Geldangelegenheiten in den Griff und können Ihre persönliche Finanzplanung aufbauen:

- In den beiden folgenden Kapiteln erhalten Sie Basiswissen über Arbeitsvertrag, Steuern, Sozialversicherung und mögliche Extraleistungen vom Arbeitgeber.
- Danach folgt als erster Schritt der Umgang mit den Einnahmen und Ausgaben – denn nur wer am Monatsende

Wie viel Provision kassieren Banken und Finanzvertriebe?

Die Tabelle zeigt näherungsweise, was Banken oder Finanzvertriebe von den Produktanbietern wie Fondsgesellschaften, Versicherungen oder Bausparkassen an Provision erhalten, wenn Kunden einen Vertrag unterzeichnen.

Abschluss	Provision
Aktienfonds-Sparplan über 10 Jahre mit 150 Euro monatlicher Sparrate	1460 Euro
Private Rentenversicherung mit 30 Jahren Laufzeit und 150 Euro monatlicher Sparrate	2430 Euro
Einmalanlage von 20000 Euro in Form eines Beteiligungsmodelles (geschlossener Fonds)	2000 Euro
Einmalanlage von 10000 Euro in einen offenen Immobilienfonds	810 Euro

vom Einkommen noch etwas übrig hat, kann Geld auf die Seite legen.

- Im nächsten Schritt ermitteln Sie, welche Versicherungen Sie benötigen und worauf es beim Anbietervergleich ankommt.
- Nun sehen Sie, welchen Betrag Sie regelmäßig anlegen können. Dieses Geld sollten Sie dann entsprechend Ihrem Bedarf auf das Bilden einer finanziellen Notreserve, das Sparen auf spätere Anschaffungen und den Vermögensaufbau beziehungsweise die Altersvorsorge aufteilen.

Mit diesen einfachen Schritten, die wir Ihnen in den folgenden Kapiteln konkret erläutern, haben Sie Ihre Geldangelegenheiten ohne große Mühe im Griff. Zukünftig sparen Sie dadurch nicht nur Geld, sondern auch Zeit. Nach der Lektüre wissen Sie nämlich, welche unnötigen Finanzprodukte Sie ausklammern, und können damit so manches Beratungsgespräch (besser: Verkaufsgespräch) von vornherein dankend ablehnen.

Zwischen brutto und netto

Klauseln im Arbeitsvertrag, die Berechnung der Sozialversicherungsbeiträge und die Einkommensteuer müssen keine böhmischen Dörfer sein. Wer den Durchblick hat, kann ordentlich Geld sparen.

→ **Dem Einstieg in das Berufsleben** geht in aller Regel der Abschluss eines Arbeits- oder Ausbildungsvertrags voraus. Häufig verwenden Betriebe dabei vorgefertigte Vertragsmuster, in die nur Stellenbeschreibung und Gehalt sowie bei Bedarf noch individuelle Vereinbarungen eingetragen werden. Solche weitgehend vorformulierten Arbeitsverträge werden beispielsweise von den Industrie- und Handelskammern (IHK), den Handwerkskammern oder den Arbeitgeberverbänden zur Verfügung gestellt.

Im zeitlichen Ablauf bildet der Abschluss des Arbeitsvertrags den letzten Schritt nach der Bewerbung, dem Vorstellungsgespräch und der Zusage des neuen Arbeitgebers. Wenn dann der oft mehrseitige, mit juristischen Fachbegriffen gespickte Vertragsentwurf eintrifft, kann Kandidatinnen und Kandidaten schon mal ein mulmiges Gefühl beschleichen. Findet sich im Vertrag auch wirklich das wieder, was zuvor mit dem künftigen Chef, der künftigen Chefin vereinbart worden ist?

Kurzcheck Arbeitsvertrag: Worauf sollte ich achten?

Bevor Sie den Vertrag unterschreiben, sollten Sie prüfen, ob dieser die mündlich vereinbarten Konditionen enthält. Bei klaren Abweichungen ist es ratsam, eine Korrektur zu verlangen.

Stimmt das Gehalt? – Das ist die magische Zahl, der meist der erste Blick beim Durchlesen des Arbeitsvertrags gilt. Aber auch andere Vereinbarungen, die zuvor mit dem neuen Arbeitgeber ausgehandelt worden sind, sollten sich im Vertrag wiederfinden. Dazu zählen insbesondere die folgenden Klauseln:

- **Tätigkeitsbeschreibung.** Die Beschreibung der auszuführenden Arbeiten sollte möglichst klar und eindeutig sein. Je schwammiger die Ausführungen, umso höher ist das Risiko, dass Sie auch Arbeiten übernehmen müssen, für die Sie überqualifiziert sind und ursprünglich gar nicht eingestellt wurden.
- **Arbeitszeit.** Je nach Branche und Betrieb können bei einem Vollzeitjob die Arbeitszeiten unterschiedlich ausfallen. Während die eine Stelle mit 35 Arbeitsstunden pro Woche verbunden ist, kann anderswo die Regelarbeitszeit auch mal 40 oder sogar 42 Stunden wöchentlich betragen. Innerhalb des Betriebs wird die Standard-Arbeitszeit meist über Tarifverträge oder Betriebsvereinbarungen geregelt.
- **Überstunden.** Große Unterschiede gibt es in der betrieblichen Praxis auch bei den Überstunden. Grundsätzlich dürfen Arbeitgeber Überstunden anordnen, wenn dies die betrieblichen Umstände erfordern und die tägliche Arbeitszeit nicht mehr als 10 Stunden beträgt. Werden Überstunden abgegolten, kann dies entweder in Form von zusätzlichem Lohn oder über ein Arbeitszeitkonto erfolgen. Wenn laut Arbeitsvertrag Überstunden mit dem regulären Gehalt abgedeckt sind, muss der Arbeitgeber klarstellen, wie viel Mehrarbeit maximal enthalten ist – beispielsweise bis zu 10 Überstunden pro Monat.
- **Urlaub.** Laut Gesetz haben Angestellte Recht auf einen Mindesturlaub. Dieser beträgt 20 Arbeitstage bei einer 5-Tage-Woche beziehungsweise 24 Arbeitstage bei einer 6-Tage-Woche. Meist sieht der Arbeitsvertrag mehr Urlaubstage vor, häufig sind es 30 Tage pro Jahr bei einer 5-Tage-Woche.

- **Probezeit.** Innerhalb der Probezeit können beide Parteien den Arbeitsvertrag mit zwei Wochen Frist kündigen. Arbeitgeber müssen in diesem Fall keine besonderen Gründe wie etwa einen Auftragseinbruch oder persönliches Fehlverhalten anführen. Üblicherweise dauert die Probezeit sechs Monate.
- **Befristung.** Arbeitsverträge können entweder befristet oder unbefristet sein. Beim befristeten Job ist ein Datum festgelegt, an dem die Anstellung endet. Dreimal dürfen Arbeitgeber ohne Grund verlängern – aber nur so, dass die Laufzeit insgesamt nicht mehr als zwei Jahre ergibt. Anders ist es, wenn es einen zulässigen Grund für die Befristung gibt. Das kann zum Beispiel die Vertretung für Kollegen sein, die dauerhaft krank sind. In diesem Fall kann ein Arbeitsvertrag mehr als dreimal befristet werden, und die Laufzeit darf zwei Jahre überschreiten. Bei einer sogenannten Zweckbefristung endet der Vertrag, wenn dieser Zweck erfüllt ist, beispielsweise ein Projekt abgeschlossen ist. Das Projekt selbst muss im Vertrag stehen.

Je nach vorheriger Vereinbarung können Arbeitsverträge noch Regelungen etwa zu Dienstwagen, Fahrtkostenerstattung, vermögenswirksamen Leistungen (VL) oder anderen Sonderleistungen enthalten. Auch können im Vertrag individuelle Kündigungsfristen vereinbart werden, wenn nicht die gesetzlich vorgesehenen Fristen zum Einsatz kommen sollen. Dabei gilt jedoch, dass Arbeitgeber bei einer Kündigung mindestens die gesetzliche Frist einhalten müssen. Deren Länge hängt in erster Linie von der Dauer der Beschäftigung ab.

→ Befristung statt Probezeit

Haken Sie nach, wenn man Ihnen keinen unbefristeten Arbeitsvertrag mit Probezeit anbietet, sondern zunächst nur einen befristeten Vertrag, der dann in ein unbefristetes Arbeitsverhältnis umgewandelt werden soll, wenn Sie sich bewährt haben. Diese Konstruktion hat den entscheidenden Nachteil, dass der reguläre Arbeitsvertrag nach der Befristung komplett neu ausgehandelt werden muss. Setzt dann die Firma beispielsweise ein niedrigeres Gehalt an als ursprünglich in Aussicht gestellt, müssen Sie die ungünstigeren Konditionen zähneknirschend akzeptieren, wenn Sie bleiben wollen.

Konkurrenzverbot und Nebenjob

Manchmal enthalten Arbeitsverträge eine Klausel, die es Arbeitnehmern verbietet, nach dem Ausscheiden aus dem Unternehmen für direkte Wettbewerber tätig zu werden. Damit möchten Betriebe verhindern, dass Mitarbeiter zu Konkurrenten wechseln und dabei Kunden mitnehmen oder mit ihrem Wissen über betriebliche Interna die Wettbewerbssituation des Ex-Arbeitgebers verschlechtert. Zulässig sind solche Verbotsklauseln allerdings nur, wenn sie zwei Voraussetzungen erfüllen:

- **Das Wettbewerbsverbot** darf sich höchstens auf zwei Jahre nach dem Ausscheiden erstrecken, und
- **im Kündigungsfall** müssen Sie eine Entschädigung dafür erhalten, dass Sie im Anschluss daran Ihre neue Stelle nicht frei auswählen dürfen. Deren Höhe muss laut § 74 Absatz 2 des Handelsgesetzbuches (HGB) für die Dauer des Verbots mindestens die Hälfte der bisherigen Bezüge betragen. Darauf darf jedoch in gewissem Umfang das neue Einkommen angerechnet werden.

Eine weitere Klausel, die oft in Arbeitsverträgen vorkommt, betrifft Nebentätigkeiten, entweder in Form eines Nebenjobs oder einer nebenberuflichen Selbstständigkeit. Hier können zwei Interessen miteinander in Konflikt geraten. Auf der einen Seite haben Firmen das Recht, von ihren Angestellten die ungeschmälerte Arbeitsleistung zu verlangen. Auf der anderen Seite steht es Ihnen frei, womit Sie Ihre Freizeit verbringen.

Daher gilt der Grundsatz: Nebentätigkeiten sind erlaubt, solange sie die Arbeitsleistung im Hauptberuf nicht beeinträchtigen und keine Konkurrenz zum Arbeitgeber darstellen. Wer also mehrmals pro Woche im Nebenjob Nachtschichten schiebt und aus diesem Grund tagsüber bei der Arbeit häufig Fehler macht, verstößt gegen seine vertraglichen Pflichten. Unproblematisch wäre es hingegen, wenn eine Büroangestellte ab und zu auf Minijob-Basis an Sonntagmittagen im Restaurant ihrer Eltern als Bedienung aushelfen würde.

Unzulässig ist es somit, wenn man Ihnen im Arbeitsvertrag eine Nebentätigkeit komplett verbietet. Oft sehen Arbeitsverträge einen sogenannten Erlaubnisvorbehalt vor. Das bedeutet, dass Sie bei der Aufnahme eines Nebenjobs oder einer nebenberuflichen selbstständigen Tätigkeit die Zustimmung Ihres Chefs oder Ihrer Chefin einholen müssen. Diese dürfen die Nebentätigkeit aber nicht willkürlich ablehnen, sondern nur dann, wenn entweder eine Konkurrenzsituation entsteht oder Ihre Leistungsfähigkeit im Hauptberuf beeinträchtigt wird.

Wenn Formulierungen im Arbeitsvertrag den gesetzlichen Mindestvorgaben widersprechen, sind sie unwirksam. Der Vorteil für Sie ist, dass dann die gesetzlichen Regelungen gelten. Enthält der Vertrag beispielsweise nur 15 Tage Urlaub pro Jahr bei einer 5-Tage-Woche, stehen Ihnen automatisch 20 Urlaubstage zu. Dass nicht der Arbeitsvertrag als Ganzes hinfällig wird, sichert eine „salvatorische Klausel" (salvatorisch bedeutet „bewahrend") im Vertragstext. Diese lautet in etwa wie folgt: „Sollte eine Bestimmung dieses Vertrags unwirksam sein oder werden, so wird hierdurch die Wirksamkeit des übrigen Vertrags nicht berührt."

Die Sozialversicherung

Bei der Renten-, Kranken-, Pflege- und Arbeitslosenversicherung teilen sich Arbeitgeber und Arbeitnehmer die Kosten. Eine Wahl haben Sie nur bei der Krankenversicherung.

→ **Als Sozialversicherung** bezeichnet man die gesetzlich vorgeschriebenen Versicherungen, die Arbeitnehmer und Arbeitnehmerinnen im Fall von Krankheit, Arbeitslosigkeit und Pflegebedürftigkeit sowie nach dem Eintritt in den Ruhestand finanziell absichern. Dazu kommt noch die gesetzliche Unfallversicherung, die Behandlungskosten oder Rentenzahlungen nach einem Arbeitsunfall oder bei einer beruflich verursachten Krankheit übernimmt.

Bei der Sozialversicherung gilt der Grundsatz, dass sich Arbeitnehmer und Arbeitgeber an der Finanzierung der Beiträge beteiligen. Bei der gesetzlichen Unfallversicherung übernehmen Arbeitgeber sogar die vollen Kosten, sodass Sie davon gar nichts mitbekommen. Die Beiträge, die Betriebe an die für ihre Branche zuständige Berufsgenossenschaft zahlen, hängen in erster Linie von der Zahl der Beschäftigten ab.

Welcher Anteil des Gehalts in die Kassen der Sozialversicherung fließt, legt der Gesetzgeber jährlich neu fest – mit einer Ausnahme: Über die Höhe des Zusatzbeitrags dürfen die einzelnen Krankenkassen selbst bestimmen. Die Tabelle „Beiträge für die Sozialversicherung“ auf S. 26 zeigt die Beitragssätze für Arbeitnehmer und Arbeitgeber, jeweils bezogen auf das Bruttogehalt. Je nach Zusatzbeitrag der Krankenkasse und einem möglichen Kinderzuschlag in der Pflegeversicherung müssen Sie knapp 20 Prozent des Bruttogehalts für die Sozialversicherungsbeiträge einkalkulieren.

Beitragsbemessungs- und Versicherungspflichtgrenzen

Die prozentualen Abgaben an die Sozialversicherung gelten nur bis zu einer bestimmten Höhe des Gehalts. Diese bezeichnet man als Beitragsbemessungsgrenze. Bei der Frage, ob der Verdienst die Beitragsbemessungsgrenze erreicht hat, werden auch Sonderzahlungen wie Weihnachts- und Urlaubsgeld mit einbezogen und im Regelfall auf die sozialversicherungspflichtigen Monate des Kalenderjahres umgelegt.

Für das Jahr 2021 gelten die folgenden Beitragsbemessungsgrenzen:

- in der Renten- und Arbeitslosenversicherung 7100 Euro pro Monat in den alten und 6700 Euro in den neuen Bundesländern und
- in der gesetzlichen Krankenversicherung 4837,50 Euro pro Monat.

Wie kann ich meine Gehaltsabrechnung verstehen?

Wer die erste Gehaltsabrechnung in den Händen hält, schaut meistens erst einmal auf den Netto-Auszahlungsbetrag – denn das ist das Geld, das der Arbeitgeber aufs Girokonto überweist. Doch was haben die anderen Zahlen und Abkürzungen zu bedeuten? Hier finden Sie Erläuterungen zu den wichtigsten Informationen, die in der Zahlenwüste der Gehaltsabrechnung versteckt sind. Die Grafik rechts zeigt ein Muster der weit verbreiteten Version der Gehaltsabrechnung des Steuer- und Abrechnungsdienstleisters Datev. Je nach Unternehmen können auch anders gestaltete Abrechnungen zum Einsatz kommen.

1. Hinter der Abkürzung „StK" verbirgt sich die Steuerklasse des Arbeitnehmers.
2. In besonderen Fällen – etwa bei behinderten Kindern in der Familie – können Freibeträge bei der Lohnsteuer berücksichtigt werden. In diesem Fall sind keine Freibeträge vorhanden.
3. Die Abrechnung enthält auch Informationen über beanspruchte und bestehende Urlaubstage.
4. Hier finden sich Sozialversicherungs-Nr., Krankenkasse und Beitragssatz der Krankenkasse.
5. Zum regulären Bruttogehalt können noch weitere Gehaltsbestandteile kommen, in diesem Fall der Arbeitgeberzuschuss zu den vermögenswirksamen Leistungen (VL).
6. Hier finden Sie die Berechnungsbasis für den Lohnsteuerabzug sowie die einbehaltene Lohnsteuer, Kirchensteuer und – sofern dieser anfällt – den Solidaritätszuschlag.
7. In dieser Zeile erscheinen nach der Berechnungsbasis für die Sozialversicherung die Abzüge für die Rentenversicherung (RV) und Arbeitslosenversicherung (AV).
8. Hier werden die Angaben zu Bruttogehalt und Abzügen nochmals zusammengefasst.
9. Nach Lohnsteuer und Sozialversicherungsabgaben werden noch die vermögenswirksamen Leistungen vom Nettolohn abgezogen.
10. Den Auszahlungsbetrag überweist der Arbeitgeber als Nettogehalt aufs Girokonto.

Abrechnung der Brutto/Netto-Bezüge (1) für Mai 2021 (2)

Zeit: 8:16 204708/258/999
29.04.2021 Blatt 1

Personal-Nr.	Geburtsdatum	StKl	Faktor	Ki.Frblr.	Konfession	Freibetrag jährl.[1]	Freibetrag mtl.[1]	DBA	Midijob	St.-Tg.
00999	20.11.96	1			ev					30

(4)

SV-Nummer	Krankenkasse	KK %[9]	PGRS	BGRS	Um.	SV-Tg.
65201196M014	T K	15,8	0101	1111	2	30

ZVK-Nummer	Eintritt	Austritt
	01.05.21	

Steuer-ID	MFB[8]
52070862394	

(3)

VJ Url. üb.	Url. Anspr.	Url.Tg gen.	Resturlaub
	30,0		30,0
Anw. Tage	**Urlaub Tage**	**Krankh. Tg.**	**Fehlz. Tage**
Anw. Std.	**Urlaub Std.**	**Krankh. Std.**	**Fehlz. Std.**
	Zeitlohn Std.	**Überstd.**	**Bez. Std.**

Probeabrechnung

STIFTUNG WARENTEST·LUETZOWPLATZ 11·10785 BERLIN

Hinweise zur Abrechnung
Wöch.Arb.Zt. 39,00

Pers.-Nr. 00999 B/N

Otto Mustermann
Am Steig 20
90329 Nürnberg

Besondere Hinweise aus der Abrechnung

Tarifvertrag/Eingruppierung
Tarif/BesO
Gruppe/Stufe
Berufsbez.

Arbeitszeit
Regelmäßige wöchentl. Arbeitszeit
Abw. wöchentliche Vollarbeitszeit
Teilzeit: Prozentuale Arbeitszeit
Teilzeit: Wöchentl. Arbeitszeit (Std.)

Zusatzversorgung/VBLU
ZVK-/VBLU-Brutto
ZVK-/VBLU-AG-Anteil
Sanierungsgeld

Brutto-Bezüge (5)

Lohnart	Bezeichnung	Einheit[2]	Menge[3]	Faktor[3]	Prozentsatz	St[4]	SV[4]	GB[5]	ZVK[7]	Betrag
001	Grundentgelt					L	L	J	3	2.500,00
100	VWL AG-Anteil					L	L	J		27,00

**** RÜCKFORD.VORBEH.BERUFUNG AUF WEGFALL BEREICHERUNG AUSGESCHLOSSEN

Gesamt-Brutto: 2.527,00

Steuer/Sozialversicherung (6)

St[4]	Steuer-Brutto	Lohnsteuer	Kirchensteuer	Solidaritätszuschlag
L	2.527,00	280,58	25,25	

Steuerrechtliche Abzüge: 305,83

(7)

SV[4]	KV-Brutto	RV-Brutto	AV-Brutto	PV-Brutto	KV-Beitrag	RV-Beitrag	AV-Beitrag	PV-Beitrag[6]
L	2.527,00	2.527,00	2.527,00	2.527,00	199,63	235,01	30,32 Z	44,85

SV-rechtliche Abzüge: 509,81

Netto-Verdienst: 1.711,36

Verdienstbescheinigung (8)

Gesamt-Brutto	2.527,00	SV-Brutto	2.527,00
Steuer-Brutto	2.527,00	KV-Beitrag	199,63
Lohnsteuer	280,58	RV-Beitrag	235,01
Kirchensteuer	25,25	AV-Beitrag	30,32
Solidaritätszuschlag		PV-Beitrag	44,85
Steuerfreie Bezüge		VWL gesamt	40,00
P. versl. Zuk.sich.		ZVK-/VBLU-Brutto	
		ZVK-/VBLU-AG-Anteil	
Pfändung Rest		ZVK-/VBLU-AN-Anteil	
Darlehen Rest		Sanierungsgeld	

Netto-Bezüge/Netto-Abzüge

Nr.	Bezeichnung	Betrag
9998	Verm.Bildung	40,00-

(9)

Bank: Sparkasse Gießen
Konto: DE35 5135 0025 00XX XXXX XX

SV-AG-Anteil	Zus. AG-Kosten	Gesamtkosten	Auszahlungsbetrag
503,50	13,90	3.044,40	1.671,36

(10)

[1] H = Hinzurechnungsbetrag
[2] Std = Stunden, T = Tage, Km = Kilometer, St = Stück, EUR = Euro, Tsd = Tausend Euro, Mio = Million Euro
[3] Gegebenenfalls Netto-Lohn/Netto-Stundenlohn
[4] L = Laufender Bezug, S = Sonstiger Bezug, F = Frei, E = Einmalbezug, P = Pauschalierung, A = Abfindung, M = mehrjährige Versteuerung, N = Nachberechnung, V = Vorjahr, W = Entgeltguthaben
[5] J = Bestandteil des Gesamt-Bruttos
[6] Z = Einschl. Beitragszuschlag zur PV für Kinderlose
[7] 1 = ZVK/VBLU, 2 = ZVK, 3 = VBLU
[8] MFB = Mehrfachbeschäftigung
[9] Maßgeblicher Beitragssatz zur KV inkl. Zusatzbeitrag

DATEV

AFP Form.-Nr. LOGO16

- Abrechnungen ab Juni 2013 sind Entgeltbescheinigungen nach § 108 Abs. 3 Satz 1 der Gewerbeordnung -

Beiträge für die Sozialversicherung

Versicherung	Beitrag Arbeitgeber	Beitrag Arbeitnehmer	Gesamtbeitrag
Rentenversicherung	9,3 %	9,3 %	18,6 %
Arbeitslosenversicherung	1,2 %	1,2 %	2,4 %
Krankenkasse	7,3 % plus ½ Zusatzbeitrag	7,3 % plus ½ Zusatzbeitrag	14,6 % plus Zusatzbeitrag
Pflegeversicherung ohne Kinderzuschlag [1]	1,525 %	1,525 %	3,05 %
Pflegeversicherung mit Kinderzuschlag für Kinderlose ab 23 Jahren [1]	1,525 %	1,525 % plus 0,25 % Kinderzuschlag	3,3 %

1) Eine Ausnahme bei der Finanzierung der Pflegeversicherungsbeiträge bildet das Bundesland Sachsen, wo Arbeitnehmer in die Pflegeversicherung 2,025 und Arbeitgeber nur 1,025 Prozent einzahlen.

Wenn Ihr Gehalt die Beitragsbemessungsgrenze übersteigt, müssen Sie und Ihr Arbeitgeber für den über der Grenze liegenden Gehaltsanteil keine Sozialversicherungsbeiträge mehr zahlen. Für die Arbeitslosen- und Rentenversicherung bedeutet dies, dass beim Bezug von Arbeitslosengeld oder Altersrente die Auszahlungen maximal auf Basis der Beitragsbemessungsgrenze erfolgen, auch wenn Sie zuvor mehr verdient haben sollten.

In der Krankenversicherung kommt noch die Versicherungspflichtgrenze hinzu, die auch als „Jahresarbeitsentgeltgrenze (JAEG)“ bezeichnet wird. Wer mit seinem Gehalt über dieser Grenze liegt, kann frei entscheiden, ob er in der gesetzlichen Krankenkasse bleibt oder in die private Krankenversicherung wechselt. Die Versicherungspflichtgrenze liegt für das Jahr 2021 bei einem Monatseinkommen von 5362,50 Euro.

Welche Ansprüche habe ich als Mitglied der Sozialversicherung?

Die Sozialversicherung kostet nicht nur Geld, sondern erbringt auch konkrete Leistungen, von denen Sie profitieren. Hier ein Überblick über die wichtigsten Ansprüche, die Sie im Bedarfsfall an die Sozialversicherung haben:

- **Gesetzliche Rentenversicherung.** Ihre Hauptaufgabe ist die Auszahlung der gesetzlichen Altersrente. Durch die Beiträge, die während Ihres Berufslebens an die Rentenversicherung abgeführt werden, bilden Sie Ansprüche. Die spätere Rente errechnet sich aus einem komplizierten Punktesystem, das unter anderem die Höhe des beitragspflichtigen Einkommens, die Dauer der Einzahlungen sowie weitere anerkennungsfähige Zeiten wie Elternzeit oder Ausbildungen berücksichtigt. Darüber hinaus zahlt die Rentenversicherung Erwerbsunfähigkeitsrente, wenn Versicherte aufgrund eines Unfalls oder einer Krankheit nicht mehr arbeiten können. Diese ist allerdings meist so niedrig, dass Sie sie durch eine private Berufsunfähigkeitsversicherung (siehe „Schutz vor Berufsunfähigkeit“ ,S. 97) ergänzen sollten.
- **Arbeitslosenversicherung.** Wenn Sie arbeitslos werden, erhalten Sie 60 Prozent des Nettolohns als Arbeitslosengeld. Für Arbeitslose mit Kindern erhöht sich der Satz auf 67 Prozent. Voraussetzung dafür ist, dass Sie in den 30 Monaten vor dem Jobverlust mindestens zwölf Monate lang sozialversicherungspflichtig beschäftigt waren. Die Dauer der Zahlung hängt von unterschiedlichen Faktoren ab und beträgt im Regelfall maximal zwölf Monate. Außerdem übernimmt die Bundesagentur für Arbeit als Trägerin der Arbeitslosenversicherung auch das Kurzarbeitergeld, wenn Betriebe aufgrund mangelnder Auslastung ihre Angestellten in Kurzarbeit schicken.
- **Gesetzliche Krankenversicherung.** Die Krankenkasse übernimmt für ihre Versicherten die Kosten für die ambulante und stationäre Behandlung, soweit diese im Leistungskatalog enthalten sind. Lebenspartner und Kinder ohne eigenes Einkommen sind kostenlos mitversichert. Sind Versicherte längere Zeit krank, dann gilt folgende Regel: Sechs Wochen lang sind Arbeitgeber zur Lohnfortzahlung verpflichtet, danach übernimmt die Krankenkasse die Zahlung des Krankengeldes in Höhe von bis zu 90 Prozent des Nettoverdienstes.
- **Pflegeversicherung.** Falls Sie später Pflege benötigen sollten, kommt dieser Zweig der Sozialversicherung für Pflegeleistungen auf oder bezahlt im Bedarfsfall pflegenden Angehörigen ein monatliches Pflegegeld. Voraussetzung ist, dass der Medizinische Dienst der Krankenversicherung die Pflegebedürftigkeit feststellt und Ihnen einen bestimmten Pflegegrad zuordnet.

Die Wahl der Krankenkasse

Wichtige Auswahlkriterien bei der Wahl der Krankenkasse sind Zusatzbeiträge und Sonderleistungen.

Wer gesetzlich krankenversichert ist, darf seine Krankenkasse selbst auswählen. Dabei ist jedoch zu beachten, dass nicht alle Krankenkassen bundesweit aktiv sind, sondern manche ihre Angebote auf ein Bundesland oder eine Region beschränken. Typisches Beispiel sind die Allgemeinen Ortskrankenkassen (AOK), die ihre Aktivitäten auf elf eigenständige regionale Kassen verteilen. Insgesamt bemühen sich bundesweit rund 100 Krankenkassen um die Gunst ihrer Mitglieder.

Zusatzbeiträge: Prüfen und Geld sparen

Zusätzlich zum allgemeinen Beitragssatz von 14,6 Prozent dürfen Krankenkassen Zusatzbeiträge verlangen. Die Bandbreite reicht dabei von Anbietern, die einen Zusatzbeitrag von 0,4 Prozent erheben, bis hin zu Krankenkassen, die rund zwei Prozentpunkte aufschlagen. Damit kann sich bei teuren Kassen der Beitragssatz für die Mitglieder auf 16,0 bis 16,5 Prozent des Bruttoeinkommens erhöhen.

Das bedeutet in konkreten Zahlen: Eine Krankenkasse, die einen Zusatzbeitrag von 1,9 Prozent fordert, verursacht bei einem jährlichen Bruttoeinkommen von 45 000 Euro Mehrkosten von fast 700 Euro pro Jahr im Vergleich zu einer Krankenkasse mit einem Zusatzbeitrag von nur knapp 0,4 Prozent. Diese Zusatzaufwendungen müssen Arbeitgeber und Arbeitnehmer jeweils zur Hälfte finanzieren.

Kassenleistungen: Auf die Extras kommt es an

Die Basisleistungen der Krankenkassen in der ambulanten und stationären Behandlung sind einheitlich, weil sie gesetzlich vorgeschrieben sind. Wenn Sie beispielsweise wegen einer Blinddarmentzündung ins Krankenhaus müssen, macht es weder für Sie noch für die Klinik einen Unterschied, ob Sie bei einer günstigen oder einer teureren Krankenkasse versichert sind.

Anders sieht es hingegen mit Extraleistungen aus, die Krankenkassen anbieten dürfen. Hierbei handelt es sich meist um die Kostenübernahme in begrenztem Umfang für Leistungen, die medizinisch sinnvoll, aber oft nicht unbedingt notwendig sind. Häufig sind die Extraleistungen mit dem Abschluss eines sogenannten Wahltarifs verbunden. Für jüngere Leute können insbesondere die folgenden Leistungen interessant sein:

- **Reiseimpfungen.** Wer in exotische Länder reist, benötigt unter Umständen spezielle Impfungen – beispielsweise gegen Gelbfieber, Hepatitis, Tollwut oder Typhus. Manche Krankenkassen übernehmen bei solchen Impfungen einen Teil der Kosten.
- **Professionelle Zahnreinigung.** Das Entfernen von Zahnstein und Verfärbungen sowie das anschließende Polieren der Zähne sollte wenigstens einmal pro Jahr durchgeführt werden – allerdings zählt diese Leistung nicht zum Standardprogramm der gesetzlichen Krankenversicherung. Einige Kassen geben jedoch einen Zuschuss, der dann etwa 30 bis 50 Prozent der Kosten, teilweise sogar noch mehr, deckt.
- **Alternativmedizin.** Einzelne Kassen bieten Kostenübernahme von homöopathischen oder anthroposophischen Behandlungen, Akupunktur, Osteopathie oder anderen naturheilkundlichen Verfahren an.
- **Beitragsrückzahlung.** Bei manchen Krankenkassen haben die Versicherten die Möglichkeit, am Jahresende bis zu einem Monatsbeitrag wieder gutgeschrieben zu bekommen, wenn sie keine ärztlichen Leistungen in Anspruch genommen haben. Vorsorgeuntersuchungen beeinträchtigen den Erstattungsanspruch nicht. Solche sogenannten Wahltarife können auch mit einem Selbstbehalt kombiniert werden.

30 SEKUNDEN FAKTEN

89 %
der Bundesbürgerinnen und -bürger sind Mitglied der gesetzlichen Krankenversicherung.

239 MRD. EURO
haben die Krankenkassen im Jahr 2019 für die medizinische Versorgung ausgegeben.

80 MRD. EURO
entfallen davon auf Krankenhausbehandlungen. Mit jeweils rund 40 Milliarden Euro bilden ambulante Behandlungen und Arzneimittel den nächstgrößten Kostenblock.

Quelle: GKV Spitzenverband

Die passende Kasse finden

Bei der Suche nach der passenden Krankenkasse hilft Ihnen unser Produktfinder. Sie finden ihn unter test.de/krankenkassen. Gegen ein geringes Entgelt können Sie hier rund 70 Kassen nach Extraleistungen filtern. Mit unserem Beitragsrechner können Sie ermitteln, wie viel Sie mit einem Kassenwechsel sparen. Den Kassenwechsel können Sie ganz einfach in drei Schritten erledigen.

1. **Kündigung.** Sie müssen nur der neuen Kasse mitteilen, dass Sie bei ihr Mitglied werden möchten. Eine schriftliche Kündigung bei Ihrer alten Kasse ist nicht nötig. Meist haben die Kassen Onlineanträge auf ihrer Website.
2. **Bestätigung.** Die neue Kasse setzt sich mit Ihrer bisherigen Kasse in Verbindung. Ist ein Wechsel möglich, teilt die neue Kasse Ihnen dies mit. Eventuell nennt sie einen anderen Versicherungsbeginn – etwa, wenn die Bindungsfrist erst später endet.
3. **Arbeitgeber.** Danach müssen Sie nur noch Ihrem Arbeitgeber formlos mitteilen, dass Sie eine andere Krankenkasse gewählt haben. Der Arbeitgeber meldet Sie dann bei der neuen Kasse an. Diese bestätigt Ihrem Betrieb die Mitgliedschaft.

Wann ein Wechsel möglich ist

Wenn Sie mit den Leistungen oder Beiträgen Ihrer Krankenkasse nicht mehr zufrieden sind, können Sie in eine andere Kasse wechseln, sofern Sie mindestens zwölf Monate Mitglied der Krankenkasse waren. Der Kündigungszeitraum beträgt zwei Monate zum Monatsende. Beispiel: Bei einer Kündigung Ende Januar, können Sie ab dem 1. April bei der neuen Krankenkasse versichert werden.

Entscheiden Sie sich für einen Wahltarif, werden Ihre Kündigungsrechte eingeschränkt. Frühestens ein Jahr nach dem Abschluss des Wahltarifs können Sie die Krankenkasse verlassen. Bei Wahltarifen mit Selbstbehalt beträgt die Mindestdauer sogar drei Jahre.

→ Sonderkündigungsrecht bei Beitragserhöhung

Wenn Ihre Krankenkasse einen Zusatzbeitrag neu erhebt oder erhöht, haben Sie ein Sonderkündigungsrecht, auch wenn Sie noch keine zwölf Monate Mitglied sind. Sie können dann bis zum Ende des Monats kündigen, in dem Ihre Krankenkasse erstmals den höheren Beitrag verlangt. Es gilt der reguläre Kündigungszeitraum von zwei Monaten. Das Sonderkündigungsrecht gilt auch, wenn Sie einen Wahltarif haben und die Mindestdauer noch nicht abgelaufen ist. Ausgenommen sind nur Selbstständige, die sich für den Krankengeld-Wahltarif entschieden haben und daran drei Jahre gebunden sind.

Wann lohnt sich die private Krankenversicherung?

Für Angestellte bringt die private Krankenversicherung auch viele Nachteile. Für Beamte hingegen ist die Entscheidung klar.

Soll ich in die private Krankenversicherung (PKV) wechseln? Diese Frage kann sich für Sie in zwei Fällen stellen:

1. **Sie zählen zu den gut verdienenden Angestellten,** deren Gehalt oberhalb der Versicherungspflichtgrenze liegt, oder
2. **Sie haben die Beamtenlaufbahn eingeschlagen.** Dann übernimmt der Staat einen Teil der Behandlungskosten, und den Rest sichern Sie im Regelfall über die gesetzliche oder eine private Krankenversicherung ab.

Die private Krankenversicherung unterscheidet sich in wesentlichen Punkten von der gesetzlichen Krankenversicherung. Während die Leistungen der Krankenkassen in weiten Teilen gesetzlich vorgegeben sind, können private Krankenversicherer ihren Leistungskatalog individueller zusammenstellen. Oft übernehmen die privaten Versicherer mehr Leistungen als die Kasse – etwa wenn es um die Behandlung vom Chefarzt, die Unterbringung im Einzelzimmer in der Klinik oder um die Kostenbeteiligung beim Zahnersatz geht. Auch in Arztpraxen und Krankenhäusern sind privat Versicherte gerne gesehen, da sie deutlich höhere Honorarabrechnungen ermöglichen als Kassenmitglieder. Das führt häufig dazu, dass privat Versicherte schneller einen Arzttermin bekommen, weil sich mit ihnen bessere Gewinne erzielen lassen.

Ein weiterer wichtiger Unterschied liegt in der Berechnung der Beiträge. Im Gegensatz zur Krankenkasse, die ihren Beitrag als Prozentsatz des Einkommens festlegt, verlangt die private Krankenversicherung eine fixe monatliche Prämie – egal ob die Versicherten gar kein Einkommen haben oder 100 000 Euro pro Monat aufs Gehaltskonto fließt. Die Höhe des Beitrags legt die Versicherung Jahr für Jahr neu fest. Die langjährige Erfahrung dabei zeigt: Meistens wird es im nächsten Jahr teurer.

Auch bei der Aufnahme neuer Versicherter agieren die privaten Versicherungsunternehmen anders als die Krankenkassen. Die gesetzliche Krankenversicherung ist verpflichtet, alle Antragsteller aufzunehmen, auch wenn sie chronisch krank oder schwer behindert sind. Wer sich privat krankenversichern will, muss vor der Aufnahme zuerst einen umfangreichen Katalog an Gesundheitsfragen ausfüllen. Schwerere Vorerkrankungen oder Allergien können dazu führen, dass die Versicherung entweder einen Prämienaufschlag verlangt oder den Aufnahmeantrag gänzlich ablehnt.

→ Bei Gesundheitsfragen niemals schummeln!

Wenn Sie eine private Krankenversicherung abschließen wollen, sollten Sie die Fragen nach Vorerkrankungen und Ihrem Gesundheitszustand unbedingt wahrheitsgemäß beantworten. Wer schummelt, setzt im schlimmsten Fall seinen Versicherungsschutz aufs Spiel: Der Vertrag wird dann nichtig, und die bereits eingezahlten Prämien sind weg.

PKV für Angestellte: Eine Entscheidung fürs Leben

Vor allem junge Angestellte, deren Einkommen oberhalb der Versicherungspflichtgrenze liegt, werden von den privaten Krankenversicherern mit günstigen Einstiegstarifen gelockt. Bessere Leistungen zu niedrigeren Beiträgen als in der gesetzlichen Krankenkasse – das ist das schlagkräftigste Verkaufsargument der Privaten.

Allerdings sollten Sie bedenken, dass die langfristige Rechnung ganz anders aussehen kann. Wenn sich Nachwuchs einstellt, sind die Kinder nicht wie in der gesetzlichen Krankenkasse kostenlos mitversichert, sondern benötigen ihren eigenen kostenpflichtigen Vertrag bei einer privaten Krankenversicherung. Ist Ihr Lebenspartner oder die Partnerin gesetzlich versichert und legt dann eine längere berufliche Erziehungspause über die Elternzeit hinaus ein, werden weitere Kosten für seine oder ihre Krankenversicherung fällig.

Wird die private Krankenversicherung im Lauf der Jahre zu teuer, dann gestaltet sich die Rückkehr zur gesetzlichen Krankenkasse schwierig bis unmöglich. Nur wenn das Einkommen wieder unter die Versicherungspflichtgrenze sinkt oder Versicherte arbeitslos werden, tritt wieder die gesetzliche Krankenversicherungspflicht ein. Wer 55 Jahre oder älter ist, kommt nur in wenigen Ausnahmefällen aus der privaten Versicherung raus, selbst wenn er oder sie Hartz IV bezieht. Die einzige Möglichkeit der Kostenreduzierung ist dann der Verzicht auf die Extras und der Wechsel in einen günstigen Tarif, dessen Leistungen in etwa denen der Krankenkassen entsprechen.

Vor diesem Hintergrund sollten Sie sich gut überlegen, ob Sie sich aus dem gesetzlichen Krankenversicherungssystem verabschieden wollen, selbst wenn Sie so gut verdienen, dass Sie die Möglichkeit dazu hätten. Vor allem dann, wenn Sie später einmal eine Familie gründen wollen, kann die private Krankenversicherung zur teuren Kostenfalle werden.

Checkliste

Private Krankenversicherung

Billige PKV-Verträge können teuer werden – nämlich dann, wenn die Leistungen lückenhaft sind und Versicherte im schlimmsten Fall auf nicht mit eingeschlossenen Behandlungskosten sitzen bleiben. In ihren Vergleichen achtet die Stiftung Warentest darauf, dass die privaten Krankenversicherungen für Angestellte und Selbstständige die folgenden Mindestleistungen bieten:

Die Versicherten haben freie Arzt- und Krankenhauswahl, und das Versicherungsunternehmen erstattet mindestens:

- ☐ im Krankenhaus die Kosten für das Zweibettzimmer mit Chefarztbehandlung,
- ☐ die Kosten für stationäre Psychotherapie für bis zu 30 Behandlungstage im Jahr,
- ☐ Krankentransportkosten zum nächstgelegenen Krankenhaus bis 100 Kilometer Entfernung,
- ☐ Arzt- und Zahnarzthonorare bis zum Höchstsatz der jeweiligen Gebührenordnungen (3,5-facher Satz),
- ☐ Honorare für Zahnbehandlungen zu 90 Prozent,
- ☐ Kosten für Zahnersatz und Inlays: sowohl zahnärztliche Leistungen als auch Material- und Laborkosten zu 65 Prozent,
- ☐ Honorar für ambulante Psychotherapie zu 70 Prozent für 50 Sitzungen im Jahr,
- ☐ Kosten für Vorsorgeuntersuchungen im Umfang der gesetzlichen Krankenversicherung,
- ☐ Kosten für Heilmittel für physikalische Therapie, Logopädie und Ergotherapie zu 75 Prozent,
- ☐ Kosten für verschreibungspflichtige Arzneimittel,
- ☐ Kosten für Hilfsmittel (ohne Sehhilfen): 75 Prozent für technische Hilfsmittel und Prothesen in einfacher Ausführung bei einem offenen Hilfsmittelkatalog, der medizinische Neuentwicklungen einschließt.

Sonderregelung für Beamte

Für Beamte und Beamtenanwärter gelten in der Krankenversicherung andere Spielregeln als für Angestellte. Der Staat – also die Kommune, das Land oder der Bund – übernimmt bei medizinischen Behandlungen einen Teil der Kosten. Dieser Anteil, der meist zwischen 50 und 70 Prozent liegt, wird auch als „Beihilfe“ bezeichnet. Diese Regelung gilt übrigens auch für kindergeldberechtigte Kinder und für Lebenspartner mit keinem oder geringem eigenen Einkommen.

“ Es ist sinnvoll, einen der vergleichsweise günstigen Beamtentarife in der privaten Krankenversicherung abzuschließen.

Für die Finanzierung des Anteils, den die Beihilfe im Behandlungsfall nicht übernimmt, benötigen Beamte und Beamtinnen eine Krankenversicherung. Dabei haben sie die Wahl zwischen der gesetzlichen und der privaten Krankenversicherung. Hier haben jedoch gesetzlich Versicherte einen Nachteil: Sie müssen den regulären Beitragssatz der Krankenkasse komplett aus eigener Tasche zahlen, einen Arbeitgeberanteil gibt es für sie nicht. Die privaten Krankenversicherer bieten hingegen Verträge an, die speziell auf die Beihilfeberechtigten zugeschnitten und deutlich kostengünstiger sind, weil sie aufgrund der Kostenübernahme des Staates geringere Ausgaben haben.

Die gesetzliche Krankenversicherung ist für Verbeamtete nur dann günstiger, wenn sie eine hohe Anzahl kostenlos mitversicherte Kinder haben und in eine niedrige Besoldungsgruppe eingestuft sind, in der der Kassenbeitrag entsprechend niedriger ist. Hinzu kommt, dass es für Beamte kein Mindesteinkommen gibt, wenn sie sich privat krankenversichern wollen.

Folglich ist die Entscheidung für Beamte und Beamtinnen in den allermeisten Fällen klar: Sinnvoll ist es, einen der vergleichsweise günstigen Beamtentarife in der privaten Krankenversicherung abzuschließen und damit automatisch auch noch komfortabler versichert zu sein als ein Mitglied der Krankenkasse. In einigen Bundesländern können neu Verbeamtete inzwischen aber auch eine pauschale Beihilfe erhalten und so kostengünstig in der gesetzlichen Krankenkasse bleiben.

▶ Unter test.de/pkv finden Sie einen Test der privaten Krankenversicherungen. Wir haben sowohl spezielle Beamten- als auch andere Tarife untersucht. Für Flatratekundinnen und -kunden ist der Abruf kostenlos.

Einkommensteuererklärung: Das rechnet sich!

Mit der Steuererklärung können Sie sich unter Umständen mit wenig Aufwand ordentlich Geld vom Staat zurückholen.

Wer als Azubi erstes eigenes Geld verdient, bleibt oftmals noch von der Lohnsteuer verschont: Erst wenn der monatliche Bruttolohn deutlich höher ist als 1000 Euro, zieht der Arbeitgeber Lohnsteuer ab und überweist diese ans Finanzamt. Wenn Sonderzahlungen wie Urlaubs- oder Weihnachtsgeld geleistet werden, kann auch bei niedrigerem Bruttoentgelt Lohnsteuer anfallen, wenn im Monat der Auszahlung die Gesamtsumme den steuerpflichtigen Bereich erreicht. Ob Sie bereits Lohnsteuer zahlen, sehen Sie auf der Gehaltsabrechnung, wo die einbehaltene Lohnsteuer als Abzug aufgeführt ist.

Eigentlich haben Sie Ihre Pflicht gegenüber den Steuerbehörden erfüllt, wenn Ihr Arbeitgeber die Lohnsteuer an das Finanzamt abführt. Sofern Sie keine anderweitigen Einkünfte haben, sind Sie nicht extra noch zur jährlichen Abgabe einer Einkommensteuererklärung verpflichtet. Eine Einkommensteuererklärung müssen Sie nur abgeben, wenn Sie

- steuerpflichtige Nebeneinnahmen haben, etwa aus Vermietung oder einer nebenberuflichen Selbstständigkeit,
- Arbeitslosengeld, Krankengeld oder Kurzarbeitergeld bezogen haben,
- einen Freibetrag, etwa über Sonderausgaben, für die Berücksichtigung beim Lohnsteuerabzug eingetragen haben oder
- andere spezielle Kriterien zutreffen, beispielsweise, dass Sie parallele Arbeitsverhältnisse haben oder Sie und Ihr Ehepartner in besonderen Steuerklassen sind.

Trotzdem ist es häufig sinnvoll, auf freiwilliger Basis eine Einkommensteuererklärung zu erstellen. Der Lohnsteuerabzug ist nämlich – auch in Bezug auf Urlaubs- und Weihnachtsgeld – so ausgelegt, dass er der Steuerbelastung entspricht, die bei einem konstanten Einkommen und keinen steuerlich zu berücksichtigenden Ausgaben anfallen würde.

Wann lohnt die Steuererklärung?

Immer dann, wenn Ihr Einkommensverlauf vom Standard abweicht oder Sie besonders steuerwirksame Ausgaben hatten, ist die Wahrscheinlichkeit hoch, dass Sie von einer

Steuerrückzahlung profitieren, wenn Sie die Einkommensteuererklärung freiwillig abgeben. Bei jungen Leuten machen vor allem die folgenden Konstellationen die Steuererklärung lohnenswert:

- **Kein ganzjähriges Einkommen.** Wenn Sie im Sommer Ihr Studium abgeschlossen haben und im September oder Oktober den ersten Job antreten, haben Sie gute Chancen, einen großen Teil der Lohnsteuer wieder zurückzubekommen.
- **Hohe Werbungskosten.** Diese Kosten haben nichts mit Werbung und Marketing zu tun, sondern sind Aufwendungen, die in direktem Zusammenhang mit Ihrer Anstellung anfallen – beispielsweise Fahrtkosten oder selbst bezahlte Fortbildungen. Bereits einkalkuliert ist bei der Lohnsteuer der gesetzliche Pauschbetrag von 1000 Euro pro Jahr. Nur wenn Ihre Werbungskosten höher liegen, können Sie diese in der Steuererklärung geltend machen und erhalten anteilig die zu viel gezahlte Steuer zurück.
- **Geförderte Altersvorsorge.** Wenn Sie einen Riester-Sparplan eingerichtet haben, bekommen Sie zwar über den Zulagenantrag automatisch Ihre Zulagen. Doch für Sparer ohne Kinder kommt je nach Einkommen oftmals noch eine Steuerrückzahlung obendrauf. Und die gibt es nur, wenn Sie eine Steuererklärung abgegeben haben.

→ Längere Frist bei freiwilliger Erklärung

Gegenüber denjenigen, die zur jährlichen Abgabe einer Einkommensteuererklärung verpflichtet sind, können die „Freiwilligen" von einem wichtigen Vorteil profitieren: Während bei Abgabepflicht die Erklärung bis Ende Juli des Folgejahres beim Finanzamt eingehen muss, kann auf freiwilliger Basis die Abgabe noch bis zu vier Jahre nach dem Ende des betreffenden Steuerjahres erfolgen, Sie können also die Erklärung für das Jahr 2021 noch bis Ende 2025 abgeben.

Durchblick im Formularwust

Die Einkommensteuererklärung besteht aus verschiedenen Formularen, die je nach angefallenen Einkünften und Aufwendungen im Baukastensystem zusammengefügt werden. Die einzelnen Formulare bezeichnet man im Beamtendeutsch als „Anlage". Gut zu wissen: Als Berufsstarterin oder -starter können Sie sich dabei auf die für Sie relevanten Anlagen konzentrieren. Der weniger wichtige Teil wird hier nur der Vollständigkeit halber erwähnt.

Zunächst einmal müssen Sie den Hauptvordruck ausfüllen, der Angaben zu Ihrer Person wie Name, Geburtsdatum, Adresse und Steuernummer enthält. Diesen Kernbestandteil reichern Sie dann nach und nach mit den „Anlagen" an.

Auf der Einkommensseite ist für Angestellte die Anlage N maßgebend. Hier tragen Sie Ihr Bruttogehalt ein sowie die Werbungskosten, die in direktem Zusammenhang mit Ihrer Arbeit angefallen sind. Dazu kommt noch die Anlage VL, wenn Sie vermögenswirksame Leistungen (VL) bekommen und dafür Arbeitnehmersparzulage erhalten wollen. Zwar gibt es noch einige weitere Anlagen für Einkünfte, etwa die Anlage G für Einkünfte aus Gewerbebetrieb oder die Anlage KAP für Kapitaleinkünfte, aber die können die allermeisten Berufseinsteiger erst mal links liegen lassen.

Wichtig ist auf der Ausgabenseite die Anlage Vorsorgeaufwand. Hier tragen Sie Ihre Beiträge zur Sozialversicherung ein. Auch private Erwerbs- und Berufsunfähigkeitsversicherungen sowie Lebens-, Unfall und Haftpflichtversicherungen (inklusive Kfz-Haftpflicht) können Sie hier geltend machen. Wenn Sie einen Riester-Sparplan besitzen, tragen Sie die darin eingezahlten Beiträge in die Anlage AV ein. Dann erhalten Sie unter Umständen zusätzlich zur Riester-Zulage noch eine Steuerrückzahlung. In der Anlage Sonderausgaben können Sie unter anderem Ausbildungskosten, Spenden an politische, kirchliche oder gemeinnützige Organisationen sowie die Kirchensteuer geltend machen.

Weitere Anlagen wie die Anlage Kind, die Anlage Außergewöhnliche Belastungen bei hohen Krankheitskosten oder die Anlage Haushaltsnahe Aufwendungen für Haushaltshilfen und Handwerkerleistungen können je nach persönlicher Situation noch hinzukommen. Allerdings ist dies bei jungen Leuten eher selten der Fall.

Steuerprogramme: Digitale Helfer lichten den Formular-Dschungel

Bei der Erstellung Ihrer Einkommensteuererklärung haben Sie verschiedene Möglichkeiten: Sie können ganz analog die Papierformulare ausfüllen und mit der Post ans Finanzamt schicken, die Erklärung online auf der Finanzamtsplattform elster.de ausfüllen oder ein Steuerprogramm zu nutzen. Wer sich partout nicht mit Steuerkram be-

Belege nur auf Anforderung: Seit 2017 gilt die sogenannte Belegvorhaltepflicht. Das bedeutet, Steuerpflichtige müssen bei der Abgabe ihrer Einkommensteuererklärung keine Belege beifügen. Nur wenn das Finanzamt bei der Bearbeitung bestimmte Belege anfordert, müssen Sie diese nachträglich einreichen. Daher sollten Sie steuerrelevante Belege unbedingt aufbewahren.

Die wichtigsten Werbungskosten von A bis Z

Aufwendung	Das können Sie absetzen
Beiträge an Berufsverbände	Dazu zählen unter anderem Beiträge an Ärzte- oder Anwaltskammern, aber auch Gewerkschaftsbeiträge.
Berufskleidung	Anerkannt werden Kleidungsstücke, die Sie nicht im Alltag tragen – zum Beispiel Uniformen, Blaumann, Arztkittel oder Sicherheitsschuhe.
Bewerbungskosten	In der Bewerbungsphase fallen unter anderem nicht erstattete Reisekosten für Vorstellungsgespräche, Porto, Telefonkosten und Copyshop-Kosten an. Diese können Sie als Werbungskosten geltend machen.
Doppelte Haushaltsführung	Hier können Kosten für eine zweite Wohnung angesetzt werden, wenn Sie Wochenendpendler sind.
Entfernungspauschale für Fahrten zum Arbeitsplatz	0,30 Euro pro Entfernungskilometer und Arbeitsort, ab dem 21. Kilometer sind es 0,35 Euro. Anerkannt werden bei einer 5-Tage-Woche meist 225 Arbeitstage pro Jahr, bei einer 6-Tage-Woche meist 280 Arbeitstage. Bei 20 km Entfernung und fünf Arbeitstagen pro Woche wären dies bereits 1 350 Euro pro Jahr. Die Pauschale gilt auch, wenn Sie das Fahrrad oder öffentliche Verkehrsmittel nutzen.
Fachliteratur	Bücher und Zeitschriften, die ausschließlich beruflich genutzt werden.
Fortbildungskosten	Alle Kosten für Weiterbildungen, die der Arbeitgeber nicht übernimmt.
Pauschale für Kontoführung	Meist erkennt das Finanzamt 16 Euro pro Jahr ohne Nachweis als Kostenpauschale für die Führung des Gehaltskontos an.
Reisekosten	Nicht vom Arbeitgeber übernommene Fahrtkosten mit allen Verkehrsmitteln sowie Übernachtungskosten bei Geschäftsreisen.
Umzugskosten	Ist ein Umzug beruflich veranlasst, steht Singles eine Umzugskostenpauschale von einmalig 860 Euro zu. Sind die tatsächlichen Kosten höher, können Sie diese anstatt der Pauschale als Werbungskosten absetzen. Anerkannt wird in der Regel die Aufnahme eines neuen Jobs in einem weiter entfernten Ort oder die Versetzung innerhalb des Unternehmens.
Verpflegungsmehraufwand	Pauschale für mehrtägige Reisen in Höhe von je 14 Euro für den An- und Abreisetag und 28 Euro für alle weiteren Tage. Bei eintägiger Abwesenheit 14 Euro, wenn diese mindestens 8 Stunden sowohl von der Wohnung als auch von der Arbeitsstätte beträgt.
Werbungskostenpauschale	Für jeden Arbeitnehmer pauschal 1 000 Euro ohne gesonderten Nachweis. Die Pauschale wird bereits bei der Lohnsteuerberechnung berücksichtigt. Sind die tatsächlichen Werbungskosten höher, gilt der nachgewiesene höhere Betrag.

fassen will, kann auch die Dienste einer Steuerberaterin oder eines Lohnsteuerhilfevereins in Anspruch nehmen.

Papierformular und Elster-Plattform sind zwar kostenlos, bieten jedoch wenig Übersichtlichkeit und keinen Komfort bei der Eingabe der Daten. Immerhin führt die Elster-Plattform eine Plausibilitätsprüfung durch und weist Sie darauf hin, wenn Sie wichtige Angaben vergessen haben. Doch die offizielle Onlineversion der Steuererklärung ähnelt in weiten Teilen dem Papierformular, sodass Sie sich erst mal schlau machen müssen, welche Daten Sie an welcher Stelle einzugeben haben.

Verständliche Eingabeführung statt unübersichtlicher Formulare

Weitaus nutzerfreundlicher sind Steuerprogramme, die die Nutzer in einem gut verständlichen Eingabedialog durch die Steuererklärung führen. Statt unübersichtlicher Formulare bekommen Sie hier klar strukturierte Aufstellungen und Zusammenfassungen zu Gesicht – damit geht das Erstellen der Steuererklärung nicht nur schneller vonstatten, sondern birgt auch weniger Fehlerquellen.

Bei der Nutzung von Steuerprogrammen gibt es zwei Varianten: Entweder Sie installieren die Software auf Ihrer Hardware – also PC, Tablet oder Smartphone –, oder sie läuft im Internetbrowser. Beides hat jeweils Vor- und Nachteile:

- **Bei der Installation auf der eigenen Hardware** bleiben die Daten bei Ihnen. Allerdings müssen Sie dann immer dasselbe Gerät nutzen, um an Ihrer Steuererklärung zu arbeiten.
- **Bei der Nutzung über den Browser** werden die Steuerdaten auf den Servern des Anbieters gespeichert. Bei manchen hat die Stiftung Warentest festgestellt, dass auch persönliche Daten gesendet werden, die für das Funktionieren des Programms nicht unbedingt notwendig sind. Vorteil ist jedoch, dass Sie Ihre Steuererklärung an unterschiedlichen Geräten bearbeiten können.

→ Wiso-Steuerprogramme schneiden gut ab

In den Tests der Stiftung Warentest haben die Steuerprogramme der Wiso-Familie regelmäßig mit die besten Bewertungen erzielt. Neben dem Wiso-Steuer-Sparbuch und der Onlineversion Steuer-Web hat im letzten Test 2019 auch die abgespeckte und dafür preisgünstigere Version Tax die Note „Gut" erzielt. Den kompletten Test finden Sie unter test.de/thema/steuerprogramm/.

Extras von Chef oder Chefin

Mehr Netto vom Brutto: Mit diversen Extraleistungen lässt sich das Gehalt so gestalten, dass vom Bruttolohn unterm Strich mehr Gegenwert übrig bleibt.

→ **Gehalt und Sonderzahlungen** wie Urlaubs- und Weihnachtsgeld sind nicht alles: Mit der geschickten Nutzung von Extraleistungen können Sie von zusätzlichen Vorteilen profitieren und gleichzeitig Steuern sparen. Manche Sachbezüge oder Vorsorgeleistungen sind nämlich entweder steuerfrei oder werden pauschal versteuert. Alternativ dazu können wie beim vermögenswirksamen Sparen auch staatliche Zuschüsse in Form der Arbeitnehmersparzulage winken, sofern Ihr Gehalt die dazugehörigen Einkommensgrenzen nicht übersteigt.

Ob und in welchem Umfang Ihre Chefin oder Ihr Chef bei solchen Mini-Steuersparmodellen mitmacht, können sie oder er weitgehend frei entscheiden. Lediglich im Bereich der betrieblichen Altersvorsorge sind Unternehmen seit dem Jahr 2019 gesetzlich verpflichtet, ihren Mitarbeiterinnen und Mitarbeitern im Rahmen der Gehaltsumwandlung eine Vorsorgemöglichkeit anzubieten und die eingezahlten Beträge unter bestimmten Voraussetzungen zu bezuschussen.

Darüber hinaus können Extraleistungen wie Arbeitgeberbeteiligungen bei den vermögenswirksamen Leistungen in Tarifverträgen vereinbart sein. Ansonsten läuft es nach dem Motto: Eine Pflicht gibt es für Arbeitgeber nicht, aber es lohnt immer, nach Extraleistungen zu fragen.

VL: Der Staat spart mit

Bei vermögenswirksamen Leistungen (VL) helfen im Idealfall Arbeitgeber und Staat beim Sparen.

Vermögenswirksame Leistungen (VL) – der Begriff klingt ziemlich angestaubt. In der Tat wurde dieses Modell schon im Jahr 1961 erfunden, als das erste Gesetz zur Förderung der Vermögensbildung in Kraft trat. Dass das VL-Sparen auch heute noch beliebt ist, liegt daran, dass die alte Idee gar nicht so altbacken ist: Arbeitnehmer zweigen etwas Geld von ihrem Gehalt auf einen Sparplan ab, die Arbeitgeber legen noch was drauf, und am Ende gibt es noch Zulagen vom Staat – und nach sieben Jahren dürfen sich die Sparer über ein schönes Guthaben freuen.

Beim VL-Sparen gibt es ein paar Grundregeln, die Sie beachten sollten, bevor Sie einen Vertrag abschließen:

- Erlaubt sind nur Sparprodukte, die für das VL-Sparen zugelassen sind. Dabei handelt es sich vorrangig um Aktienfonds, Bausparverträge, Banksparpläne und Kapitallebensversicherungen.
- Sie können Ihren VL-Sparplan frei wählen und melden diesen dann bei der Personalstelle Ihres Arbeitgebers an.
- Die Sparraten zieht die Firma vom Nettolohn ab und überweist sie auf den Anlagevertrag. Ob sie noch einen Zuschuss gewährt, entscheidet sie selbst.
- Sie zahlen sechs Jahre lang ein, danach ruht der Vertrag noch ein weiteres Jahr. Erst dann können Sie über das Guthaben verfügen.
- Arbeitnehmersparzulage gibt es nicht für alle Anlageformen. Nur Aktienfonds und Bausparverträge werden begünstigt. Für Banksparpläne und Kapitallebensversicherungen gibt es keine staatliche Förderung.

So viel schon vorweg: Das VL-Sparen lohnt sich immer dann, wenn entweder Anspruch auf Arbeitnehmersparzulage besteht oder Arbeitgeber sich an den Sparraten beteiligen. Ist beides der Fall, profitieren Sie sogar doppelt.

Wie die Arbeitnehmersparzulage funktioniert

Wenn Sie Ihre vermögenswirksamen Leistungen in einen Aktienfondssparplan oder Bausparvertrag einzahlen, können Sie vom Finanzamt Arbeitnehmersparzulage erhalten. Dabei gibt es unterschiedliche Förderkriterien.

- **Beim Bausparen gilt:** Die Zulage beträgt 9 Prozent für jährliche Einzahlungen bis maximal 470 Euro. Verdienen dürfen Sie maximal 17 900 Euro pro Jahr, wenn Sie ledig sind. Verheiratete dürfen 35 800 Euro verdienen.

- **Beim Aktiensparen gilt:** Die Zulage beträgt 20 Prozent für jährliche Einzahlungen bis maximal 400 Euro. Die Höchstgrenze beim Einkommen beträgt 20 000 Euro pro Jahr für Ledige und 40 000 Euro für Verheiratete.

Zunächst einmal erscheinen die Einkommensgrenzen extrem niedrig. Dabei ist zu berücksichtigen, dass als Maßstab das zu versteuernde Einkommen dient – und das ist deutlich niedriger als das Bruttogehalt. Bei Angestellten ohne weitere Einkünfte und Werbungskosten wird zunächst der Werbungskosten-Pauschbetrag von 1000 Euro pro Jahr abgezogen. Auch ein Teil der Arbeitnehmerbeiträge zur gesetzlichen Renten- und Krankenversicherung wird bei der Ermittlung des zu versteuernden Einkommens vom Bruttogehalt abgezogen.

Somit können Ledige davon ausgehen, dass sie rund 5 000 Euro jährlich mehr verdienen dürfen, um noch in den Genuss der Arbeitnehmersparzulage zu kommen. Wer Kinder hat, kann die Freibeträge dafür zusätzlich geltend machen, was den Einkommensspielraum noch erweitert.

Wenn Sie eine Ausbildung als Azubi beginnen, sollten Sie auf jeden Fall einen geförderten VL-Sparvertrag abschließen. In den allermeisten Fällen liegt die Ausbildungsvergütung während der gesamten Ausbildungszeit unterhalb der Einkommensgrenzen, sodass Sie mehrere Jahre lang von der Arbeitnehmersparzulage profitieren können.

Zuschuss vom Arbeitgeber

Ob der Arbeitgeber einen Teil der vermögenswirksamen Leistungen übernimmt, hängt ganz davon ab, in welchem Betrieb Sie arbeiten. Wenn die Firma in einem Branchenverband organisiert ist und der mit der Gewerkschaft ausgehandelte Tarifvertrag eine VL-Beteiligung vorsieht, wird sie sich im Regelfall daran halten. Wie hoch der Zuschuss ausfällt, hängt von der Branche ab: So sieht der Tarifvertrag für Bankangestellte

---

Doppelte Förderung ist beim VL-Sparen möglich, wenn Sie sowohl einen Aktienfondssparplan als auch einen Bausparvertrag parallel besparen. Als Single zahlen Sie dann pro Jahr 470 Euro in den Bausparvertrag und 400 Euro in den Fondssparplan ein, um in Summe die maximale Zulage von 123 Euro pro Jahr mitzunehmen – vorausgesetzt, Sie halten die Einkommensgrenzen ein.

Welcher VL-Sparplan passt zu mir?

Die Tabelle gibt einen Kurzüberblick über die Anlageformen, in die man prinzipiell vermögenswirksame Leistungen stecken kann. Sie zeigt, welche Vor- und Nachteile diese mit sich bringen und für wen sie geeignet sind. Detaillierte Erläuterungen zu den Anlageprodukten finden Sie im Kapitel „Sparen und anlegen" ab S. 117.

Anlageform	Vor- und Nachteile	Empfehlung
Aktienfonds	**Vorteile:** Hohe Sparzulage von 20 %, gute Renditechancen. **Nachteile:** Nebenkosten bei Kauf und für die Depotführung, Wertschwankungsrisiko.	**Geeignet vor allem für** jüngere Sparer, die das Geld auch länger liegen lassen können. Pluspunkt: Die Zulage federt in schlechten Börsenphasen die Verluste ab.
Bausparvertrag	**Vorteile:** Sparzulage von 9 %, kein Verlustrisiko, freie Verwendung des Geldes auch beim Bezug von Wohnungsbauprämie bei Vertragsabschluss bis 25 Jahre. **Nachteile:** Nebenkosten beim Abschluss, Anspruch auf zinsgünstiges Bauspardarlehen nur für Investitionen ins Eigenheim.	**Geeignet für** sicherheitsbewusste Sparer bis 25 mit Anspruch auf die Zulagen. Mit Arbeitnehmersparzulage plus Wohnungsbauprämie für eigene Einzahlungen wird die Rendite attraktiv.
Banksparvertrag	**Vorteile:** Keine Nebenkosten, kein Verlustrisiko. **Nachteile:** Geringe Rendite, keine Sparzulage.	**Geeignet für** sicherheitsbewusste Sparer, wenn der Arbeitgeber sich beteiligt und kein Anspruch auf Arbeitnehmersparzulage besteht.
Kapitalbildende Lebensversicherung	**Vorteile:** Keine **Nachteile:** Keine Sparzulage, geringe Transparenz, niedrige Rendite, mangelnde Flexibilität.	**Nicht geeignet für** VL-Sparer

einen Arbeitgeberanteil von 40 Euro pro Monat vor, im Kfz-Gewerbe in Westdeutschland gibt es 26,59 Euro und in vielen Bereichen des öffentlichen Dienstes 6,65 Euro. Wer in Teilzeit arbeitet, bekommt einen anteilig gekürzten Zuschuss.

Darüber hinaus können die Modalitäten beim VL-Sparen auch per Betriebsvereinbarung oder ganz individuell im Arbeitsvertrag geregelt werden. Übernimmt das Unternehmen nicht die komplette mögliche Sparrate, steht es Ihnen frei, die Einzahlungen aus eigener Tasche aufzustocken.

Bei einem Jobwechsel bereiten die vermögenswirksamen Leistungen keine Probleme. Auch nach der Kündigung beim alten Arbeitgeber gehört das Geld Ihnen – unabhängig davon, ob er sich an den Sparraten beteiligt hat oder nicht. Im neuen Job können Sie dann den Vertrag weiterführen, je nach Angebot des Arbeitgebers mit dessen Unterstützung oder auf eigene Rechnung.

Betriebliche Altersvorsorge

Die Rente ist noch ewig weit weg. Dennoch kann es sinnvoll sein, schon in die betriebliche Altersvorsorge zu investieren.

→ **Wer gerade erst frisch** nach dem Studium oder als Azubi in das Berufsleben eingestiegen ist, befasst sich naturgemäß eher weniger mit der Betriebsrente. Doch einiges spricht dafür, das Thema schon in jungen Jahren auf den Schirm zu holen:

- Je früher Sie mit Einzahlungen in einen betrieblichen Vorsorgesparplan beginnen, umso höher sind später einmal die Ansprüche.
- Mit der betrieblichen Altersvorsorge können Sie in der Einzahlungsphase Steuern und Sozialversicherungsbeiträge sparen.
- Seit 2019 sind Arbeitgeber bei neu abgeschlossenen Verträgen dazu verpflichtet, die Einzahlungen ihrer Mitarbeiterinnen und Mitarbeiter in die betriebliche Altersvorsorge zu bezuschussen.

Zugegeben: Das Thema ist etwas kompliziert, und die betriebliche Altersvorsorge kann Ihr Arbeitgeber in verschiedenen Varianten gestalten, von denen jede wiederum ihre Besonderheiten hat. Daher gilt es zunächst einmal herauszufinden, welches Modell Ihre Firma anbietet. Wenn Ihnen dazu die wichtigsten Fakten vorliegen, können Sie fundiert entscheiden, ob Sie gleich mit

Betriebsrente: Die Anlageformen im Überblick

Modell	Anlageschwerpunkt	Vorteile	Nachteile
Direktversicherung	Kapitalanlage unterliegt Regulierung der Versicherungsaufsicht, sichere Anlagen wie Anleihen und Immobilien sind Schwerpunkt	Absicherung durch Protektor	Geringe Renditechancen
Pensionskasse	Gleiche Anlagepolitik wie Direktversicherungen	Je nach Rechtsform Absicherung durch Protektor oder PSV	Geringe Renditechancen
Pensionsfonds	Höhere Aktien- und Fremdwährungsanteile als Versicherungen	Absicherung durch PSV, höhere Renditechancen bei guter Entwicklung am Aktienmarkt	Keine
Unterstützungskasse	Vorsorgeeinrichtung meist in Vereinsform von einem oder mehreren Betrieben, keine Vorschriften bei der Kapitalanlage	Absicherung durch PSV, bei guter Anlagepolitik entsprechende Renditechancen	Keine
Direktzusage	Deckung der Ansprüche erfolgt direkt im Unternehmen durch Rückstellungen oder Kapitalanlagen	Absicherung durch PSV	Rendite hängt oft direkt vom Wohlergehen des Unternehmens ab
Sozialpartnermodell	Riskantere Anlageformen sind möglich, Sicherheitspuffer soll Verluste abfedern	Höhere Renditechancen	Keine Absicherung des eingezahlten Kapitals

dem Berufseinstieg in das betriebliche Vorsorgesparen einsteigen. Die erste wichtige Frage ist, ob die Einzahlungen vom Unternehmen finanziert werden oder ob Sie selbst in Form der Gehaltsumwandlung Sparbeiträge leisten.

Wenn das Unternehmen die Betriebsrente finanziert

Wenn Ihr Arbeitgeber für seine Angestellten eine Betriebsrente finanziert, können Sie sich glücklich schätzen. Dann müssen Sie nichts machen, weil die Finanzierung über das Unternehmen im Hintergrund läuft, und eigene Beiträge werden Ihnen auf Ihrer Gehaltsabrechnung nicht abgezogen.

„Ob Firmen eine Betriebsrente für ihre Belegschaft finanzieren, können sie selbst entscheiden.

Allerdings bleiben Ihre Ansprüche nur unter bestimmten Voraussetzungen erhalten, wenn Sie die Stelle wechseln. Erst wenn Sie das 21. Lebensjahr vollendet haben und die Versorgungszusage mindestens drei Jahre besteht, gehört Ihnen das vom Arbeitgeber eingezahlte Kapital endgültig. Das wird im schönsten Beamtendeutsch als „Unverfallbarkeit" bezeichnet.

Ob Firmen eine Betriebsrente für ihre Belegschaft finanzieren, können sie selbst entscheiden. In der Praxis zeigt sich, dass vor allem größere Unternehmen dies als Extra anbieten.

Altersvorsorge per Gehaltsumwandlung

Während die unternehmensfinanzierte Vorsorge freiwillig ist, haben Sie als Arbeitnehmer einen Rechtsanspruch darauf, einen Teil Ihres regulären Gehalts in Einzahlungen für die Altersvorsorge umzuwandeln. Dabei gilt:

- Von der Einkommensteuer befreit sind Gehaltsanteile bis zu 8 Prozent der Beitragsbemessungsgrenze in der Rentenversicherung, die in Beiträge für einen betrieblichen Vorsorgesparplan umgewandelt werden.
- Von den Sozialabgaben für Kranken-, Pflege-, Renten- und Arbeitslosenversicherung befreit sind umgewandelte Gehaltsanteile bis zu einer Höhe von 4 Prozent der Beitragsbemessungsgrenze in der Rentenversicherung.

Bei Verträgen, die ab dem Jahr 2019 abgeschlossen wurden, müssen sich Arbeitgeber an der Entgeltumwandlung mit einem Zuschuss in Höhe von 15 Prozent des Arbeitnehmer-Sparbeitrags beteiligen.

In Tarifverträgen können Gewerkschaften und Arbeitgeberverbände für Betriebe mit Tarifbindung den Satz nach oben oder unten verändern. Im Gegensatz zur rein unternehmensfinanzierten Altersvorsorge

Gehaltsumwandlung: Die Auswirkung aufs Nettogehalt

Da Beispiel zeigt: Aufgrund der eingesparten Sozialabgaben sinkt durch den Sparbeitrag von 100 Euro das Nettogehalt nur um 51,63 Euro. Allerdings reduzieren sich wegen der niedrigeren Sozialabgaben auch die Zahlungen der Sozialkassen im Leistungsfall – das betrifft gesetzliche Rente, Krankengeld und Arbeitslosengeld.

	Ohne Gehaltsumwandlung	Mit Gehaltsumwandlung
Monatsbrutto	4000 Euro	4000 Euro
Gehaltsumwandlung	—	100 Euro
Basis für Steuern und Sozialabgaben	4000 Euro	3900 Euro
Abzug Lohnsteuer	676,58 Euro	648,08 Euro
Beitrag Rentenversicherung	372 Euro	362,70 Euro
Beitrag Kranken- und Pflegeversicherung	375 Euro	365,63 Euro
Beitrag Arbeitslosenversicherung	48 Euro	46,80 Euro
Nettogehalt	**2528,42 Euro**	**2476,79 Euro**
Differenz netto		**– 51,63 Euro**

können Ansprüche aus Gehaltsumwandlung und Zuschuss nicht verfallen.

Wichtig: Bei der Gehaltsumwandlung dürfen die Arbeitgeber das Anlageprodukt und den Anbieter bestimmen. Wenn Sie sich für die betriebliche Altersvorsorge entscheiden, müssen Sie also das Anlageprodukt akzeptieren, das Ihnen die Firma vorlegt. Bietet sie von sich aus keine Möglichkeit für die Gehaltsumwandlung an, so dürfen Sie zumindest den Abschluss einer Direktversicherung verlangen.

Wie die Gehaltsumwandlung dafür sorgt, dass die Sozialabgaben sinken, sehen Sie im Beispiel in der Tabelle „Gehaltsumwandlung" oben.

Verlust bei Jobwechsel

Häufige Jobwechsel können für die betriebliche Altersvorsorge ein Renditekiller sein: Das sollten Sie bedenken, bevor Sie sich dafür entscheiden. Grund ist, dass sich bei vielen Verträgen die Abschlusskosten auf die gesamte Spardauer beziehen, aber bereits in den ersten Sparjahren mit den Beitragszahlungen verrechnet werden. Damit ist anfangs das gutgeschriebene Kapital oft deutlich niedriger als die Summe der eingezahlten Beiträge, erst nach Jahren kommt der Vertrag in den grünen Bereich.

Wenn Sie schon nach zwei oder drei Jahren den Job wechseln, können Sie Ihren Vorsorgevertrag nur dann mitnehmen, wenn der neue Arbeitgeber bereit ist, die Gehaltsumwandlung beim gleichen Anbieter weiterzuführen. Alternativ dazu können Sie das bereits vorhandene Guthaben auf den vom neuen Arbeitgeber ausgewählten Versicherer übertragen. Das kann jedoch Gebühren verursachen und einen ungünstigeren Tarif mit sich bringen. Ohne erneute Abschlusskosten ist das nur möglich, wenn die alte und die neue Versicherung einem Übertragungsabkommen beigetreten sind.

Ob die Gehaltsumwandlung lohnenswert ist, hängt in erster Linie davon ab, ob Sie Ihrem Arbeitgeber auf lange Zeit die Treue halten wollen. Wenn ja, können Sie damit Ihre gesetzliche und private Altersvorsorge ergänzen. Wenn Sie hingegen planen, sich selbstständig zu machen oder öfter die Stelle zu wechseln, sollten Sie lieber verstärkt auf den privaten Vermögensaufbau setzen.

Wie steht es um die Sicherheit?

Abgesehen vom Verlustrisiko durch häufigen Jobwechsel birgt die betriebliche Altersvorsorge nur geringe Risiken. Je nach Produkt greifen unterschiedliche Sicherungssysteme wie der Pensions-Sicherungs-Verein (PSV) oder die Sicherungseinrichtung der Lebensversicherer. Darüber hinaus muss der Arbeitgeber bis zum Rentenbeginn eventuelle Verluste ausgleichen. Nur beim Sozialpartnermodell gibt es keinen Schutz vor möglichen Verlusten bei der Anlage des Vorsorgekapitals.

Abzüge im Rentenalter: Wer als Ruheständler Betriebsrente bekommt, muss diese in voller Höhe als Einkommen versteuern. Darüber hinaus müssen oberhalb des Freibetrags Krankenkassenbeiträge in voller Höhe entrichtet werden. Der Freibetrag liegt im Jahr 2021 bei monatlich 164,50 Euro. Beiträge für die Pflegeversicherung werden ab dem ersten Euro Betriebsrente fällig.

Steuersparmodelle für Angestellte

Wenn es um die erste Gehaltserhöhung oder um Erfolgsprämien geht, können Sie geldwerte Leistungen ins Spiel bringen – denn diese Extras sind ganz oder teilweise steuerfrei, sodass Arbeitgeber und Arbeitnehmer profitieren.

COMPUTER, TABLETS UND SMARTPHONES

Stellen Arbeitgeber ihren Mitarbeitern kostenlos digitale Geräte auch für den privaten Gebrauch zur Verfügung, müssen sie diese nur mit 25 Prozent pauschal versteuern. Die Mitarbeiter zahlen keine Steuern.

GESUNDHEITSFÖRDERUNG

Bis zu 500 Euro pro Mitarbeiter und Jahr dürfen Betriebe steuerfrei zur Verfügung stellen – sei es in Form betrieblicher Gesundheitskurse oder als Zuschuss zu Kursen und Maßnahmen, die auch von den Krankenkassen gefördert werden.

JOBTICKET

Erhalten Mitarbeiter vom Arbeitgeber vergünstigte oder kostenlose Monats- oder Jahresfahrkarten für öffentliche Verkehrsmittel, müssen sie diese nicht versteuern. Vorteil: Dieses Geschenk fällt nicht unter die 44-Euro-Regel und kann zusätzlich zu anderen Sachbezügen steuerfrei ausgegeben werden.

FORTBILDUNG

Vom Arbeitgeber übernommene Fortbildungskosten sind steuerfrei, wenn sie in direktem Bezug zur beruflichen Tätigkeit stehen.

ESSEN UND TANKEN

Im Rahmen der steuerfreien Sachleistungen bis 44 Euro pro Monat können Arbeitgeber Gutscheine ausgeben, die in bestimmten Restaurants oder Lebensmittelgeschäften eingelöst werden können. Auch Tankgutscheine fallen unter diese Regelung.

BAHNCARD

Wenn Sie eine Bahncard auch zur privaten Nutzung erhalten, ist diese steuerfrei, wenn der Betrieb auch ein eigenes Interesse daran hat. Dies trifft zu, wenn bei dienstlichen Bahnfahrten die Einsparungen durch die Bahncard höher sind als deren Kosten.

URLAUBSZUSCHUSS

Mit dem Urlaub Steuern sparen? Das geht: Pro Jahr können Arbeitgeber 156 Euro für den Mitarbeiter, 104 für den Ehepartner und 52 Euro für jedes Kind als Erholungsbeihilfe zahlen. Der Chef führt 25 Prozent Lohnsteuer darauf ab. Das Geld muss zur Erholung verwendet werden. Als Indiz gilt der zeitliche Zusammenhang mit dem Urlaub.

LADEN DES ELEKTROAUTOS

Arbeitgeber dürfen ihren Angestellten kostenlos Strom abgeben, um ihre Elektro- oder Hybridautos aufzuladen.

Mit dem Geld klarkommen

Wer Geld auf die Seite legen will, muss erst einmal welches übrig haben. Hier zeigen wir Ihnen, wie Sie Ihre Einnahmen und Ausgaben im Griff behalten und Freiraum für den Vermögensaufbau schaffen.

Solange Sie noch kein eigenes Einkommen hatten, konnten Sie sich vermutlich meist auf das elterliche Sponsoring verlassen – sei es beim Zuschuss für Urlaubsreisen, der Kostenübernahme für den Handyvertrag oder der gelegentlichen Nutzung des Familienautos. Doch nun ändert sich die Situation nicht nur bei den Einnahmen, sondern auch bei den Ausgaben.

Mit dem Einstieg in den ersten Job ist häufig auch der Auszug aus dem Elternhaus verbunden. In diesem Fall ändert sich die Finanzlage ganz grundlegend. Nun gilt es zu planen, was vom regelmäßigen Monatsnettolohn auf welche Ausgabenposten zu verteilen ist. Miete, Nebenkosten, Versicherungen und Lebensmittel sind hier die großen Kostenblöcke. Aber auch die kleineren Ausgaben für Abos, Handyvertrag, Fitnessstudio, Ausgehen und das Geldkontingent für den Urlaub summieren sich übers Jahr auf ansehnliche Beträge.

Jetzt könnte man einwenden, dass die Vorausplanung von Ausgaben keinen Freiraum mehr für spontane Aktivitäten lässt. Das stimmt aber nur bedingt, und zwar aus zwei Gründen: Erstens können Sie je nach Differenz zwischen Einkommen und festen

Ausgaben ein Budget für Spontanes einrichten, und zweitens macht das unkoordinierte Geldausgeben nicht wirklich Spaß, wenn damit dauerhaft rote Zahlen auf dem Girokonto und am Ende der Verzicht auf eigentlich notwendige Dinge verbunden sind.

Sie müssen dabei nicht zum Oberbuchhalter werden, der jeden einzelnen Posten bis auf den letzten Cent festlegt. Solange Sie immer ein bisschen Reserve für das Ungeplante übrig lassen, können Sie auch mit etwas großzügiger geschätzten Beträgen arbeiten. Das reduziert den Zeitaufwand ganz erheblich und liefert in aller Regel dennoch einigermaßen verlässliche Ergebnisse.

Nach einiger Zeit werden Sie vielleicht überrascht feststellen, dass es sogar Spaß machen kann, die Einsparpotenziale im Alltag zu ermitteln und ganz ohne Abstriche bei der Lebensqualität die Kosten zu senken. Nämlich dann, wenn der Wechsel des Strom- oder Mobilfunkanbieters im Lauf eines Jahres so viel Geld eingespart hat, dass Sie Ihrem Freund oder Ihrer Freundin einen Abend im schicken Restaurant spendieren können.

Auto, Wohnung und Co.: Welche Ausgaben habe ich?

Klar, Sie verdienen jetzt eigenes Geld und möchten sich auch etwas gönnen. Das geht am besten, wenn Sie Ihre Ausgaben so planen, dass sie die Einnahmen nicht übersteigen.

Mit den ersten Gehaltseingängen kommen oft auch die ersten größeren Ausgaben. Manche wollen sich jetzt ein eigenes Auto leisten, andere freuen sich darauf, sich nun eine eigene Wohnung zu suchen. Je nachdem, welche größeren Anschaffungen geplant sind und wie hoch die eigenen Ansprüche sind, können die dafür anfallenden monatlichen Kosten ganz unterschiedlich ausfallen.

Was kostet ein Auto?

Beim Auto können sich die laufenden Kosten je nach Modell stark unterscheiden. Generell gilt: Je kleiner das Fahrzeug, umso geringer sind in aller Regel die laufenden Kosten. Kleine Autos brauchen weniger Sprit, sind bei Steuer und Versicherung günstiger eingestuft als PS-starke Wagen, verursachen geringere Wartungskosten und haben einen geringeren Wertverlust.

Hier lauert oft schon der erste Irrtum: Wer den allmählichen Rückgang des Fahrzeugwertes prozentual zum Kaufpreis betrachtet, ignoriert den tatsächlichen Betrag. Beträgt etwa der Wertverlust eines gehobenen Mittelklassewagens bei einem Neupreis von 40 000 Euro im Lauf von fünf Jahren 40 Prozent, ist er noch 24 000 Euro wert – die Eigentümerin macht 16 000 Euro Verlust. Ein Kleinwagen mit einem Neupreis von 18 000 Euro und einem Wertverlust von 50 Prozent in fünf Jahren verliert prozentual gesehen schneller an Wert. Doch aufgrund des günstigeren Kaufpreises beträgt der tatsächliche Verlust nur 9 000 Euro.

Schwieriger ist die Rechnung beim Vergleich von Neuwagen und Gebrauchten. Neuwagen sind zwar teuer in der Anschaffung, doch dafür sind die Kosten für Wartung und Reparatur in den ersten Jahren sehr niedrig. Beim Gebrauchtwagen wiederum ist der Kaufpreis oft erschwinglich, doch je nach Kilometerstand können sich schon bald recht teure Reparaturen einstellen.

Bei der Kfz-Versicherung hängt die Höhe der jährlichen Prämie unter anderem von Marke, Modell und Motorisierung des Fahrzeugs ab. Die Versicherer ordnen jedes Modell einer Typklasse zu und errechnen aus der Schadenstatistik den Beitrag. Die Typklassen reichen in der Haftpflichtversicherung von 10 bis 25, in der Teilkasko- von 10 bis 33 und in der Vollkaskoversicherung von 10 bis 34. Als besonders günstig gelten Modelle mit einer Einstufung von 15 oder niedriger. Bevor Sie sich für ein bestimmtes Fahrzeug entscheiden, sollten Sie daher prüfen, in welcher Typklasse es eingestuft ist.

Hier eine Beispielrechnung, welche Kosten beim Auto monatlich anfallen können:

Versicherung	60 Euro
Kfz-Steuer	10 Euro
Sprit bei im Schnitt 1 000 km im Monat	90 Euro
Inspektion und Reifen	50 Euro
Sparrate fürs nächste Auto	100 Euro
Autokosten im Monat	**310 Euro**

Wenn Sie keinen teuren Kredit aufnehmen wollen, sollten Sie so früh wie möglich ein Polster für den künftigen Autokauf aufbauen. Die Höhe der Sparrate hängt davon ab, wie lange Sie das aktuelle Fahrzeug behalten wollen und wie teuer das nächste sein soll. Wenn Sie etwa Ihr aktuelles Auto noch fünf Jahre fahren, es dann für 2 000 Euro verkaufen und für 8 000 Euro einen Gebrauchten erwerben wollen, benötigen Sie 6 000 Euro. Dieses Ziel erreichen Sie, indem Sie jeden Monat 100 Euro auf die Seite legen.

Ausgaben für Wohnen und Leben

Wenn Sie mit dem Start ins Berufsleben erstmals eine eigene Wohnung beziehen, kommt einiges an neuen Ausgaben auf Sie zu. Die Wohnungsmiete samt Nebenkosten ist zu bezahlen, für die Lebensmitteleinkäufe sind Sie nun selbst zuständig, und ein paar Annehmlichkeiten wie Urlaub oder Ausgehen am Wochenende sollen auch noch mit drin sein. Auch bei einem wenig anspruchsvollen Lebensstil können für diese Posten pro Monat 1000 Euro fällig werden – vor allem in Ballungsräumen, wo die Mieten entsprechend teuer sind.

Schon bei der Wohnungssuche gilt: Die Kaltmiete stellt nur einen Teil der Ausgaben dar. Hinzu kommen die Nebenkosten insbesondere für Heizung, Kalt- und Warmwasser, die vom Vermieter mit abgerechnet werden. Nicht zu vergessen ist der Stromverbrauch, den Sie zusätzlich einkalkulieren müssen. Dieser kostet beim durchschnittlichen Single-Haushalt rund weitere 400 bis 600 Euro pro Jahr. Und wenn Sie Internet und Telefon in der Wohnung haben wollen, brauchen Sie auch dafür einen Vertrag.

Hier eine Beispielrechnung, wie sich die monatlichen Wohnkosten aufsummieren:

Kaltmiete	600 Euro
Nebenkosten (Heizung, Wasser, Müll)	150 Euro
Stromkosten	45 Euro
Internet und Telefon	35 Euro
Wohnkosten im Monat	**830 Euro**

Neben den Wohnkosten kommen noch die Ausgaben auf Sie zu, die Sie fürs tägliche Leben brauchen. Die Liste reicht von Lebensmitteln über Abos und Versicherungen bis zu Konzerttickets und dem Urlaubsbudget. Auch hier hängen die monatlichen Ausgaben sehr stark von Ihren Ansprüchen und Ihrem individuellen Verhalten ab.

Geldfresser finden und Kosten sparen

Wer clever vergleicht und spart, kann seine Lebenshaltungskosten senken, ohne dabei Verzicht üben zu müssen.

Haben Sie manchmal den Eindruck, dass es sich bei Ihrem Geld um eine flüchtige Materie handelt, die unbemerkt im Lauf des Monats verdunstet und schon einige Tage vor dem nächsten Gehaltseingang gähnende Leere auf dem Konto hinterlässt?

Dann haben Sie möglicherweise ein Problem mit den kleinen Geldfressern, die ständig am Guthaben knabbern. Dabei handelt es sich um scheinbar kleine Ausgaben, die aber regelmäßig anfallen und sich somit übers Jahr zu erstaunlichen Beträgen summieren können.

Doch es gibt auch eine gute Nachricht: Mit geringem Aufwand lässt sich schnell ermitteln, wo sich die Geldfresser tummeln. Und im zweiten Schritt können Sie dann die Maßnahmen ergreifen, um ihrem Treiben ein Ende zu setzen oder zumindest ihren Hunger zu reduzieren.

Kostenfalle Handy

Wussten Sie, dass nach den Erfahrungen der Schuldnerberatungen die Handykosten bei jungen Leuten zu den häufigsten Ursachen für Überschuldung zählen? Mit verantwortlich dafür sind die Mobilfunkanbieter, die mit ihren Tricks dafür sorgen, dass viele junge Leute ein Smartphone erwerben, das sie sich eigentlich gar nicht leisten können. Die beliebteste Masche: Die Kunden erhalten ein hochwertiges Smartphone für einen Euro oder zum Nulltarif – allerdings nur, wenn sie einen langfristigen Vertrag abschließen und Monat für Monat hohe Gebühren zahlen.

Weil viele Mobilfunkverträge eine Mindestlaufzeit von zwei Jahren haben, lässt sich mit einem teuren Vertrag selbst ein 800-Euro-Smartphone zum vermeintlichen Nulltarif anpreisen. Wer einen Zweijahresvertrag zu monatlichen Kosten von 59 Euro abschließen muss, um das Top-Handy als „kostenlose" Dreingabe zu bekommen, ist am Ende der Vertragslaufzeit um 1416 Euro ärmer. Scheinbar günstige Nulltarif-Smartphones entpuppen sich meist als teure Kostenfalle.

Generell sollten Sie vor Ihrer Entscheidung für einen bestimmten Mobilfunktarif überlegen, welche Leistungen Sie in welchem Umfang benötigen und wie viel Geld Sie dafür bezahlen wollen. Dabei sollten Sie vor allem die folgenden Kriterien berücksichtigen:

- **Telefongebühren.** Ob sich eine Telefon-Flatrate lohnt und welche Rolle die Minutengebühren für Telefonate spielen, hängt von der individuellen Nutzung ab. Wenn Sie die Telefonfunktion häufig nutzen, sollten Sie auf diese Kosten achten. Sprachanrufe über WhatsApp, Signal oder andere Messenger verursachen hier hingegen keine Kosten.
- **SMS-Gebühren.** Da die SMS bei den meisten Nutzern kaum noch genutzt wird, spielen die dafür anfallenden Gebühren eine eher untergeordnete Rolle.
- **Daten-Flatrates.** Wenn Sie mobile Daten häufig für Musik und Videos nutzen, kommt schnell ein hohes Datenvolumen zusammen. Prüfen Sie anhand Ihrer bisherigen Gewohnheiten, welche Daten-Flatrate am besten zu Ihnen passt. Manche Anbieter ermöglichen die günstige Nachbuchung von Datenvolumen. Das ist gut geeignet, wenn Ihr Verbrauch nur ab und zu – beispielsweise auf Reisen – ansteigt. Allerdings gibt es in vielen Geschäften, öffentlichen Verkehrsmitteln und Innenstädten kostenloses WLan, dessen Nutzung die Daten-Flatrate schont.

- **Kündigungsfrist.** Bei einer kurzen Kündigungsfrist von 30 Tagen können Sie Ihren Tarif schnell ändern, wenn sich Ihr Bedarf ändert oder das Geld knapp wird. Aus einem Vertrag mit langer Kündigungsfrist kommen Sie hingegen kurzfristig nicht raus.

Am besten haben Sie Ihre Handykosten im Griff, wenn Sie Ihr Smartphone extra kaufen und einen möglichst günstigen Vertrag wählen, bei dem Sie je nach Bedarf Ihre Daten-Flatrate vergrößern oder verkleinern können. Dann haben Sie in Zeiten mit geringer Nutzung nur minimale Kosten und können das zusätzliche Datenvolumen dazubuchen, wenn Sie es brauchen.

Abos, Shopping und Freizeit

Fitnessstudio, Ausgehen, Shoppen und noch ein paar Abos von Netflix, Spotify und Co. – das sind für sich betrachtet oft kleine Beträge, aber die Summe kann sich auf dem Konto unangenehm bemerkbar machen.

Nehmen Sie sich einfach mal Zeit, um Ihre Abos zu durchforsten, und erstellen Sie dafür eine Liste, auf der die Gebühren sowie die Kündigungsfristen aufgeführt sind. Berücksichtigen Sie sowohl die Abos für Zeitungen und Zeitschriften als auch Onlineabos für Filme, Musik und andere digitale Medien. Nun sehen Sie, was Sie für diese Dienste zahlen, und können entscheiden, ob Sie sämtliche Abos weiterführen oder mit Kündigungen Geld sparen möchten.

HÄTTEN SIE'S GEWUSST?

Fitnessstudio-Verträge kann man nur aus wichtigen Gründen vorzeitig kündigen. Dazu zählen schwere Erkrankungen, die es dem Mitglied unmöglich machen, das Programm zu nutzen.

Bei Schwangeren kommt es darauf an: Ist sie bei guter Gesundheit und kann die Studioleistungen nutzen, ist sie nicht berechtigt, bis zur Geburt den Vertrag kostenfrei ruhen zu lassen.

Kein wichtiger Grund ist ein Umzug. Kunden entscheiden im Regelfall aus freien Stücken, ob sie umziehen wollen, und müssen daher den Vertrag weiterführen.

Langfristig ins Geld gehen auch Verträge mit Fitnessstudios – vor allem dann, wenn nach einem kurzen Motivationshoch das Studio nur noch sporadisch oder überhaupt nicht mehr aufgesucht wird. Besonders ärgerlich ist, dass viele Fitnessstudio-Betreiber ihren Kunden ausschließlich Verträge mit langen Laufzeiten bieten, die sich automatisch verlängern, wenn die Kunden nicht vorher kündigen. Achten Sie daher darauf, dass Sie im Bedarfsfall die Kündigungsfrist nicht verpassen und somit zumindest eine unnötige weitere Verlängerung vermeiden.

Energiekosten

Wenn Sie aus dem elterlichen Haushalt ausziehen, werden Sie schnell feststellen, dass die Kosten für Strom und Heizung ganz schön ins Geld gehen. Drehen können Sie hier vor allem an zwei Stellschrauben – nämlich indem Sie Ihr eigenes Verbrauchsverhalten optimieren und einen möglichst günstigen Stromanbieter wählen.

Beim Heizen besagt eine Faustformel: Jedes Grad weniger bei der Raumtemperatur spart rund 6 Prozent an Heizenergie ein. Damit können Sie Ihre Heizkosten um mehr als 10 Prozent senken, wenn Sie die Räume auf 20 statt 22 Grad temperieren.

Beim Strom wirkt sich neben Ihrem Verbrauch auch die Wahl des Stromanbieters auf die Höhe der Rechnung aus. Gerade die Grundversorgungstarife der regionalen Anbieter, die zumeist beim Einzug erst einmal zum Tragen kommen, sind häufig sehr teuer. Wenn Sie regelmäßig die Tarife vergleichen und bei Bedarf den Anbieter wechseln, können Sie auch im Single-Haushalt übers Jahr dreistellige Einsparungen erzielen.

Allerdings sollten Sie aufpassen, dass Sie mit dem Stromanbieterwechsel auf lange Sicht auch wirklich Geld sparen. Viele Anbieter subventionieren im ersten Jahr den Strompreis mit einem einmaligen Neukundenbonus. Fällt dieser im zweiten Jahr weg, steigen die Kosten stark an. Daher sollten Sie rechtzeitig vor dem Ende der Mindestvertragslaufzeit die Preise neu vergleichen, um gegebenenfalls den Stromlieferanten erneut zu wechseln.

→ Wechseldienste für Bequeme

Wenn Sie nicht jedes Jahr auf eigene Faust Stromtarife vergleichen möchten, können Sie einen Wechseldienst in Anspruch nehmen. Diese Dienstleister prüfen rechtzeitig automatisch vor dem Kündigungstermin, ob ein anderer Anbieter günstiger wäre, und veranlassen auch den Wechsel automatisch, wenn Sie die Tarifempfehlung nicht ablehnen. Als Vergütung behalten sie einen Teil der Ersparnis ein. In einer Untersuchung der Stiftung Warentest im April 2019 wurden die Anbieter Esave.de, Switchup.de, Wechselpilot.com und Wechsel strom-ac.de als „sehr empfehlenswert" eingestuft.

Versicherungskosten senken

Mit dem Einstieg ins Berufsleben endet bei einigen Versicherungen die kostenlose Mitversicherung über die Eltern, und Sie müssen selbst für Schutz sorgen. Welche Policen (so nennt man Versicherungsverträge auch) Sie benötigen und worauf Sie bei der Auswahl der Anbieter achten sollten, erfahren Sie im Kapitel „Richtig versichern" ab S. 91.

Prüfen Sie alle ein bis zwei Jahre, ob Sie nicht gute Versicherungsverträge zu einem günstigeren Preis bekommen können.

Doch mit dem Abschluss der Verträge ist es nicht getan, denn die Entwicklung der Prämien verläuft je nach Tarif und Anbieter sehr unterschiedlich. Eine Versicherung, die heute noch zu den günstigsten Angeboten zählt, kann in fünf Jahren schon wieder ins graue Mittelfeld zurückfallen, wenn sich Jahr für Jahr die Prämie erhöht und zwischenzeitlich bessere Angebote auf den Markt gekommen sind. Daher sollten Sie im Abstand von einem bis zwei Jahren Ihre Versicherungsverträge zur Hand nehmen und prüfen, ob Sie nicht dieselbe oder sogar bessere Leistungen zu einem günstigeren Preis bekommen können. Wenn ja, sind die Vertragskündigung und der Wechsel zum günstigeren Versicherer angesagt.

Durchblick schaffen mit einem Haushaltsbuch

Wenn aus einem Schwimmbecken ständig Wasser wegsickert, hilft nur eines: Irgendjemand muss sich auf die Suche nach dem Leck machen und es abdichten. Genauso verhält es sich bei den privaten Finanzen. Sobald sich das Geld auf dem Konto auf unerklärliche Weise zu verflüchtigen scheint, sollten Sie möglichst zügig ermitteln, wo die undichten Stellen sind. Die Erfahrung zeigt dabei, dass es häufig nicht nur ein einzelner großer Ausgabeposten ist, der das Guthaben am Wachsen hindert oder sogar rote Zahlen verursacht. Gar nicht selten summieren sich scheinbar kleine Einzelausgaben im Lauf des Monats zu hohen Geldabflüssen.

Abhilfe schafft ein Haushaltsbuch, das Ihnen zeigt, in welche Bereiche wie viel Geld fließt. Das ist zwar mit einem gewissen Aufwand verbunden, aber die positiven Auswirkungen sind enorm. Wenn Sie Ihre Ausgaben über ein paar Monate hinweg dokumentieren, haben Sie einen Überblick über Ihr Ausgabeverhalten und können bei Bedarf gezielt gegensteuern. Dafür gibt es mehrere Varianten: auf Papier, am PC mit einer Tabellenkalkulation oder per App.

Analog oder digital?

Auch im digitalen Zeitalter gibt es das Haushaltsbuch noch immer in der klassischen Form zu kaufen. Wenn Sie ein vorgefertigtes Haushaltsbuch kaufen möchten, sollten Sie darauf achten, dass die Aufteilung zu Ihnen passt – schließlich haben Familien mit Kindern andere Ausgabeposten als junge Singles oder Paare. Die Beträge, die Sie aus Ihren Belegen und Kontoauszügen in die entsprechenden Kategorien eintragen, addieren Sie dann von Hand oder mit dem Taschenrechner.

Wer sich mit Tabellenkalkulationsprogrammen wie Excel oder dem kostenlos erhältlichen LibreOffice auskennt, kann das Haushaltsbuch auch als digitale Tabelle führen. Mit den passenden Formeleinträgen kann dann die Addition der Einzelposten zum Gesamtbetrag automatisch erfolgen. Allerdings ist am Beginn ein gewisser Aufwand erforderlich, um die Tabelle einzurichten und zu gestalten.

→ Digital in der Cloud

Wenn Sie ohnehin schon ein Google- oder Apple-Konto besitzen, können Sie die Tabellenkalkulation fürs Haushaltsbuch auch in Google Docs (Google) oder Numbers (Apple) anlegen. Vorteile dabei sind die Speicherung in der Cloud und die mögliche Bearbeitung von jedem beliebigen Computer aus im Browser, nachdem Sie sich in Ihrem Konto angemeldet haben. Auch die Bearbeitung per Tablet oder Smartphone ist kein Problem. Diese Lösung bietet sich an, wenn Sie häufig auf unterschiedlichen Rechnern arbeiten.

Für diejenigen, die Verwaltungskram am liebsten mit dem Smartphone erledigen, sind Haushaltsbücher auch als App erhältlich. So lassen sich die Ausgaben direkt im Anschluss an den Einkauf im Supermarkt oder den Restaurantbesuch erfassen, sodass das Belegesammeln entfällt. In den App-Stores von Google und Apple buhlen verschiedene Haushaltsbuch-Anwendungen um die Gunst der Nutzerinnen und Nutzer – teilweise gratis und werbefinanziert, teilweise gebührenpflichtig und je nach Anbieter und Version zuweilen mit nützlichen Extras wie Budgetplaner oder grafisch aufbereiteten Ausgabestatistiken.

Manche Haushaltsbuch-Apps lassen sich sogar mit dem Bankkonto synchronisieren, was gleichzeitig Vor- und Nachteile mit sich bringt: Der automatische Online-Kontozugriff spart Zeit bei der Erfassung von Überweisungen und Lastschriften, kann aber je nach Datenschutzniveau der App mit Blick auf möglichen Missbrauch ein Sicherheitsrisiko mit sich bringen.

Fazit: Wenn Sie auf Nummer sicher gehen wollen, sollten Sie sich lieber für eine Haushaltsbuch-App ohne Kontoanbindung entscheiden und den etwas höheren Aufwand für die Übertragung der Kontoumsätze in Kauf nehmen.

Riskant: Konsum auf Kredit

Händler und Banken machen den Kauf auf Pump leicht. Doch wer den Überblick verliert, gerät schnell in die Schuldenfalle.

Einen neuen Flatscreen auf Raten kaufen, den Urlaub mit dem Dispo finanzieren – wer kein Geld für eine größere Ausgabe verfügbar hat, kann sich im Handumdrehen welches leihen. Gerade für Berufsneulinge verbinden sich damit neue Möglichkeiten beim Geldausgeben. Wer nämlich zuvor kein eigenes Einkommen hatte, erhielt in aller Regel bei der Bank keinen Dispokredit fürs Girokonto und konnte keinen Ratenkredit beantragen. Doch mit dem selbst verdienten Geld, wird der Kauf auf Pump zur neuen Option.

Allerdings sollten Sie beim Schuldenmachen zurückhaltend sein, denn jeder Kredit muss ordnungsgemäß zurückgezahlt werden. Das verlangsamt im günstigsten Fall den Vermögensaufbau, im schlimmsten Fall führt eine allzu großzügige Kreditaufnahme in die dauerhafte Verschuldung.

Wie schütze ich mich vor Überschuldung?

Ein neues Gaming-Notebook für 105 Euro? Oder einen fabrikneuen Kompaktwagen für 199 Euro? Das gibt es schon – allerdings handelt es sich nicht um den Verkaufspreis, sondern um die Monatsrate für die Kreditfinanzierung, die der Händler praktischerweise gleich mit anbietet. Es erscheint ja auch erschwinglicher, wenn Sie für das High-End-Notebook nicht 1150 Euro sofort ausgeben, sondern zwölf Monate lang bequem Ihre kleine Rate zahlen. Dass das Gerät unterm Strich dann mitsamt Zinsen etwa 1260 Euro kostet, merken viele nicht. Und dass Sie bei der vermeintlich supergünstigen Drei-Wege-Autofinanzierung nach drei Jahren eine Ablöse von 7500 Euro zu berappen haben, um das Auto behalten zu dürfen, wird im Verkaufsgespräch eher nebenbei erwähnt.

> **Wenn etwa wegen Jobverlust ein Teil des Einkommens wegbricht, kann die Schuldenfalle zuschnappen.**

Solange Schuldner ihre Raten pünktlich begleichen können, bekommen sie keine Nachteile zu spüren. Doch wenn beispielsweise wegen Jobverlust ein Teil des Einkommens wegbricht, kann die Schuldenfalle zuschnappen. Überweisen sie die laufenden Kreditraten nicht mehr, drohen Kreditkündigung, Inkassomaßnahmen und Gerichtsvollzieher – und das zieht häufig weitere hohe Gebühren und Verzugszinsen nach sich, die den Schuldenstand noch weiter nach oben treiben.

Das wirksamste Mittel gegen Überschuldung ist Augenmaß beim Geldausgeben und ein hohes Maß an Zurückhaltung. Auch wenn es manchmal schwerfällt: Lassen Sie sich nicht zum Shoppen verleiten, wenn das notwendige Geld nicht als Guthaben verfügbar ist. Und beschränken Sie die Kreditaufnahme auf größere Anschaffungen von langlebigen Dingen wie Auto oder Wohnungseinrichtung.

→ Planen Sie nicht zu eng

Kalkulieren Sie bei der Aufnahme eines Kredits genügend finanziellen Spielraum mit ein. Nach dem Bezahlen der monatlichen Rate sollte noch Geld übrig sein, um im Notfall ein geringeres Einkommen oder unvorhersehbare Ausgaben für Reparaturen, Krankheit oder Umzug verkraften zu können.

Darüber hinaus sollten Sie erst einmal alles daransetzen, von Ihrem neu gewonnenen Monatseinkommen Guthaben zu bilden. Richten Sie am besten gleich zu Beginn einen Dauerauftrag ein, mit dem Sie regelmäßig Geld auf ein Tagesgeld- oder Sparkonto überweisen. Damit sind Sie später einmal in der Lage, auch größere Anschaffungen aus eigenen Geldmitteln zu finanzieren und die Kreditaufnahme zu vermeiden.

Die Schufa

Ohne Schufa-Auskunft vergibt keine Bank Kredite. Das ist aber noch längst nicht alles: Wer keine weiße Weste bei der Schufa vorweisen kann, hat es schwer, Onlinebestellungen auf offene Rechnung zu bezahlen, Mobilfunkverträge abzuschließen oder eine schöne Mietwohnung zu finden – denn häufig müssen Wohnungsinteressenten eine Schufa-Selbstauskunft vorlegen, bevor sie den Vertrag unterschreiben. Doch was verbirgt sich hinter der „Schutzgemeinschaft für allgemeine Kreditsicherung", wie sich die Schufa einst offiziell nannte? Es ist ein Unternehmen, das Daten sammelt – von Menschen und Unternehmen. Firmen wie Banken, Versandhändler oder Mobilfunkanbieter, die Vertragspartner der Schufa sind, machen eine Meldung an die Schufa, wenn einer ihrer Kunden seine Verbindlichkeiten nicht mehr bezahlt. Von Banken erfährt die Schufa auch, ob jemand einen Kreditvertrag abgeschlossen, eine Kreditkarte erworben oder ein Girokonto eröffnet hat.

Alle, die so lange im Zahlungsverzug sind, dass gerichtliche Maßnahmen eingeleitet werden oder gar die Privatinsolvenz erfolgt, bekommen einen Negativeintrag bei der Schufa. Das hat zur Folge, dass sie keine Chancen auf Kredite haben und mit hoher Wahrscheinlichkeit bei der Suche nach einer neuen Mietwohnung oder dem Wechsel des Mobilfunkanbieters abgelehnt werden. Negativeinträge gibt es unter anderem bei folgenden Tatbeständen:

30 SEKUNDEN FAKTEN

10,5 %

der Menschen, die ihre Verbindlichkeiten nicht mehr zahlen können, zählen laut Überschuldungsreport 2020 des Instituts für Finanzdienstleistungen (IFF) zur Altersgruppe zwischen 18 und 25 Jahren.

JEDE FÜNFTE

Überschuldung ist auf Arbeitslosigkeit oder den unfreiwilligen Wechsel in einen schlechter bezahlten Job zurückzuführen.

ÜBER 580 000

Menschen haben im Jahr 2019 wegen Überschuldung die Dienste von Schuldner- und Insolvenzberatungsstellen in Anspruch genommen.

- Zahlungsverzug, sofern die Forderung unstrittig ist und die Gläubiger ausreichend gemahnt haben.
- Missbrauch von Konto oder Bankkarte nach ausdrücklichem Nutzungsverbot – wie etwa der Versuch, beim Einkaufen mit einer bereits gesperrten Karte zu bezahlen.
- Gerichtliche Maßnahmen wie Abgabe einer Eidesstattlichen Versicherung oder Eröffnung der Privatinsolvenz.

Daten über Insolvenzverfahren sowie Kredite bleiben ab dem Tag, an dem sie beendet oder zurückgezahlt sind, noch weitere drei Jahre im Datenbestand der Schufa.

Aus den gespeicherten Daten errechnet die Schufa einen „Score", mit dem die Wahrscheinlichkeit eines künftigen Zahlungsausfalls ermittelt werden soll. Wie genau dies abläuft, ist wohlgehütetes Geheimnis der Schufa. Negativ wirken sich möglicherweise häufige Wechsel der Bankverbindung, der Besitz mehrerer Kreditkarten oder das Vorhandensein mehrerer Kreditverträge aus. Bei einem schlechten Score-Wert kann es vorkommen, dass Kreditanträge oder andere Verträge mit längerfristigen Zahlungsverpflichtungen abgelehnt werden.

Angesichts der Tragweite negativer Schufa-Einträge oder schlechter Score-Werte kann man nur dazu raten, mit dem Abschluss von Krediten vorsichtig zu sein und Zahlungsverzug – auch gegenüber Händlern oder Dienstleistern – zu vermeiden.

Dispo oder Ratenkredit: Welcher Kredit ist wofür geeignet?

Beim Dispokredit handelt es sich um einen Kreditrahmen, den Ihnen die Bank auf Ihrem Girokonto einräumt, wenn Sie ein regelmäßiges Einkommen vorweisen können. Viele Banken gewähren rund drei Netto-Monatsgehälter als Dispokredit. Allerdings kann jede Bank die Höhe des Kreditrahmens selbst bestimmen und ist nicht verpflichtet, einen Dispo einzurichten.

Die Rückzahlung des Dispokredites erfolgt automatisch mit den Gutschriften auf dem Konto. Das hat den Vorteil, dass jeder Geldeingang die Höhe der Schulden und damit der Kreditzinsen senkt. Allerdings ist der Zinssatz oft sehr hoch: Selbst in Zeiten niedriger Marktzinsen verlangen viele Geldinstitute rund 10 Prozent Jahreszins oder noch mehr für den Minusbetrag auf dem Konto. Überschreitet der Kreditbetrag den Disporahmen, dann können sogar zusätzliche Strafzinsen fällig werden. Darüber hinaus hat die Bank das Recht, Geldausgänge wie Überweisungen oder Abbuchungen nicht auszuführen, bis der Kontostand wieder im genehmigten Rahmen ist.

Damit ist der Dispokredit zwar flexibel und bequem, bringt aber einen gravierenden Nachteil mit sich: Die hohen Zinsen verursachen bei dauerhaft roten Zahlen auf dem Konto hohe Kosten und sorgen häufig dafür, dass die Verschuldung rasch ansteigt, weil Monat für Monat der abgerechnete Zins die Kreditsumme weiter erhöht.

→ Zinskosten sparen mit dem Abrufkredit

Als Alternative zum Dispo bieten einige Direktbanken sogenannte Abrufkredite – auch Rahmenkredite genannt – an. Diese funktionieren ähnlich wie der Dispokredit, allerdings ohne dass dafür die Eröffnung eines Girokontos notwendig ist. Bei dieser Kreditform richten Sie einen Kreditrahmen ein und können bis zu dessen Obergrenze den gewünschten Geldbetrag online abrufen. Die Tilgung erfolgt per Überweisung oder Dauerauftrag vom Girokonto aus. Meist sind die Zinsen für Abrufkredite deutlich niedriger als für den Dispo der Hausbank, aber immer noch teurer als beim Ratenkredit.

Aufgrund der vergleichsweise hohen Zinskosten, die überdies während der Laufzeit variabel sind und auch mal steigen können, eignen sich Dispo- und Abrufkredite nur, falls Sie einen finanziellen Engpass kurzfristig überbrücken müssen. Wenn Sie einen Kredit für mehr als sechs Monate aufnehmen wollen, sollten Sie diese Finanzierungsprodukte meiden.

Der Ratenkredit ist im Gegensatz zum Dispo- oder Abrufkredit mit einem Festzins über die Laufzeit ausgestattet und wird in monatlich gleichbleibenden Raten zurückgezahlt. Damit wissen Sie bei dieser Kreditform schon im Voraus, welche finanzielle

Belastung auf Sie zukommt und zu welchem Zeitpunkt die Schulden zurückgezahlt sind. Ein weiterer Vorteil gegenüber dem Dispokredit ist, dass die Zinsen beim Ratenkredit in aller Regel weitaus niedriger sind.

Je nach Anbieter gibt es Ratenkredite manchmal schon ab einem Betrag von 500 Euro, andere Banken legen häufig Mindestbeträge zwischen 1000 und 2500 Euro fest. Bei der Laufzeit kann man meist zwischen 12 und bis zu 84 Monaten wählen.

Wie lange der Kredit laufen soll, hängt nicht nur davon ab, welche Monatsrate Sie sich leisten können. Auch die Lebensdauer der damit finanzierten Anschaffung spielt eine wichtige Rolle: Ist die Ersatzanschaffung schon fällig, bevor der Kredit abgezahlt ist, kommen zu den alten Schulden gleich wieder neue hinzu. Daher sollten Sie Ihren Ratenkredit so planen, dass die Laufzeit deutlich kürzer ist als die voraussichtliche Lebensdauer des finanzierten Gutes. Ein paar Beispiele:

Maximale Kreditlaufzeit

Haushaltsgeräte, z.B. Waschmaschine	1 Jahr
Gebrauchtwagen jünger als zwei Jahre	3 Jahre
Neuwagen	5 Jahre
Langlebige Möbel, Einbauküche	6 Jahre

Vorteil des Ratenkredits: Falls Sie während der Laufzeit unerwartet Geld bekommen, können Sie einen laufenden Ratenkredit jederzeit vorzeitig zurückzahlen. Die Bank darf Ihnen dann maximal 1 Prozent der ausstehenden Restschuld als Gebühr berechnen. Würde der Kredit in weniger als zwölf Monaten enden, reduziert sich die Gebühr auf 0,5 Prozent. Manche Banken verzichten sogar komplett auf die Gebühren und bieten kostenlose Sondertilgungen für ihre Ratenkredite an.

Meiden Sie teure Restschuldversicherungen

Häufig versuchen Banken, ihren Kundinnen und Kunden zusammen mit dem Ratenkredit gleich eine sogenannte Restschuldversicherung zu verkaufen. Diese Versicherung übernimmt die noch ausstehenden Schulden, falls Sie sterben sollten, erwerbsunfähig oder – meist mit Einschränkungen – unverschuldet arbeitslos werden sollten. Allerdings sind Restschuldversicherungen meist überteuert und lückenhaft, weil sie sich ausschließlich auf den Kredit beziehen und andere laufende Verpflichtungen nicht berücksichtigt werden. Daher sollten Sie Restschuldversicherungen meiden.

Die Autofinanzierung

Wenn das Ersparte nicht reicht und Sie ein Auto auf Kredit finanzieren möchten, sollten Sie lieber vorsichtig kalkulieren.

Für viele junge Leute ist klar: Wenn ich eigenes Geld verdiene, kann ich mir auch ein Auto leisten. Sie stehen dann vor der Frage: Habe ich genügend Geld auf der Seite, oder muss ich einen Teil des Kaufpreises finanzieren? Und welches ist die günstigste Finanzierungsmöglichkeit? Angesichts der sehr unterschiedlich ausgestalteten Finanzierungsformen wie Ratenkredit, Ballonfinanzierung oder Drei-Wege-Finanzierung ist dies kein einfaches Unterfangen. Denn: Wer nur auf die Monatsrate achtet und die anderen Finanzierungsbedingungen nicht berücksichtigt, läuft Gefahr, sich am Ende für eine teurere oder gar unpassende Alternative zu entscheiden. Daher sollten Sie wissen, was genau sich eigentlich hinter den einzelnen Finanzierungsformen verbirgt.

Ratenkredit

Die einfachste Finanzierungsform beim Autokauf ist der klassische Ratenkredit. Hier können Sie die Angebote unterschiedlicher Banken miteinander vergleichen und sehen auf den ersten Blick, welche Finanzierungskosten auf Sie zukommen. Ist der Kredit nach einigen Jahren abgezahlt, haben Sie ein schuldenfreies Fahrzeug – und überweisen die bisherige Monatsrate am besten weiter auf ein Tagesgeldkonto, um Guthaben für den nächsten Autokauf anzusparen.

Bei der Laufzeit des Kredits sollten Sie das Fahrzeugalter berücksichtigen. Als Faustregel für die maximale Dauer des Kredits gilt die Formel „Fünf Jahre minus Alter des Autos". Das bedeutet: Ist das Auto zwei Jahre alt, sollte der Kredit höchstens drei Jahre laufen. Mit dieser Strategie haben Sie genügend zeitlichen Puffer, um sich nicht gleich nach dem Abzahlen des Kredits für den nächsten Autokauf wieder verschulden zu müssen.

→ Erst rechnen, dann kaufen

Machen Sie sich erst dann auf die Suche nach einem Auto, wenn das Finanzierungsbudget klar ist. Haben Sie beispielsweise 5 000 Euro gespart und können sich monatlich 200 Euro Kreditkosten leisten, ergibt sich daraus bei drei Jahren Laufzeit und 6,0 Prozent Effektivzins eine Kreditsumme von knapp 6 600 Euro, sodass Ihr Kaufbudget 11 600 Euro beträgt.

Leasing

Beim Leasing werden Sie nicht Eigentümer des Autos, sondern „mieten" es für eine bestimmte Zeit vom Leasinggeber, wobei Sie im Gegensatz zum Mietwagen die Kosten für Versicherung, Kfz-Steuer und Inspektionen in der Regel selbst tragen müssen. Verlockend sind dabei oft die niedrigen Monatsraten, die aber dazu verleiten können, sich für ein teureres Auto als geplant zu entscheiden. Nach Ablauf der Vertragslaufzeit geht jedoch das Auto nicht in den Besitz des Nutzers über, sondern muss an den Leasinganbieter zurückgegeben werden.

Hier lauern Fallen, denn meist sind Leasingverträge mit einer begrenzten Kilometerleistung von etwa 10 000 oder 15 000 gefahrenen Kilometern pro Jahr verbunden. Wer dieses Limit überschreitet, muss für jeden zu viel gefahrenen Kilometer nachzahlen. Auch bei Bagatellschäden wie Kratzern oder kleinen Dellen zeigen sich Leasinggeber bei der Fahrzeugrückgabe oft kleinlich: Die Kosten können sich dann schnell auf einen vierstelligen Betrag summieren. Wer den geleasten Wagen am Ende der Vertragslaufzeit selbst übernehmen will, muss ihn dem Leasinggeber abkaufen und den meist von Beginn an festgeschriebenen Restwert zahlen.

Drei-Wege- und Ballonfinanzierung

Auf den ersten Blick ähnelt die Drei-Wege-Finanzierung dem Leasing, weil auch hier zunächst nur niedrige Raten bezahlt werden und das Auto nach dem Ende der Finanzierungsphase zurückgegeben werden kann. Mit einem wichtigen Unterschied: Während beim Leasing das Auto nur gemietet wird, handelt es sich bei der Drei-Wege-Finanzierung um einen echten Autokauf mit anschließender Kreditfinanzierung.

Im Gegensatz zum klassischen Ratenkredit ist der Kredit bei der Drei-Wege-Finanzierung am Ende der Laufzeit nicht vollständig zurückgezahlt. Wollen Sie das Auto behalten, müssen Sie entweder die Restschuld auf einen Schlag zurückzahlen oder im Anschluss an die Erstfinanzierung einen weiteren Kredit abschließen, um die Schulden abzustottern. Wenn Sie dann die Restschuld weiterfinanzieren müssen, zahlen Sie weitere Zinsen und bekommen womöglich nicht mehr so günstige Konditionen wie bisher. Alternativ können Sie das Auto nach dem Ablauf der Erstfinanzierung wieder an den Händler zurückgeben und mit dem Verkaufserlös die Restschuld begleichen.

Eine abgespeckte Variante der Drei-Wege-Finanzierung ist die „Ballonfinanzierung". Auch hier beginnt der Kredit optisch attraktiv mit einer niedrigen Monatsrate. Doch wenn nach drei oder vier Jahren die Finanzierung beendet wird, muss der noch anstehende Schuldensaldo auf einen Schlag zurückgezahlt werden. Ob dies durch angespartes Guthaben, einen neuen Kredit oder den Verkauf des Autos erfolgt – darum müssen sich die Kreditnehmer bei der Ballonfinanzierung selbst kümmern. Im Gegensatz zur Drei-Wege-Finanzierung können sie sich hierbei nicht auf ein verbindliches Rücknahmeangebot des Händlers stützen.

Dass sich Drei-Wege- und Ballonfinanzierung großer Beliebtheit erfreuen, liegt zu einem guten Teil an der Verkaufsstrategie der Autohändler. Je niedriger die Monatsrate, umso eher lässt sich ein höherklassiges oder mit teuren Extras ausgestattetes Modell verkaufen, auch wenn der Kaufpreis das ursprünglich eingeplante Budget überschreitet. Dazu kommt der Kundenbindungseffekt: Wenn die Finanzierungsphase abläuft, müssen die Autobesitzer wieder beim Händler auf der Matte stehen – und dieser kann dann die Gelegenheit nutzen, um ein Angebot für den Ankauf des Gebrauchten zu unterbreiten und gleich wieder ein neues Auto mitsamt der dazugehörigen Finanzierung zu verkaufen.

Welche Finanzierung passt zu mir?

Wenn Sie den Autokauf nicht komplett aus eigenen Ersparnissen bestreiten können, sollten Sie eine Finanzierungsform wählen, bei der Sie so schnell wie möglich von den Schulden herunterkommen. Damit wird bereits klar: Am empfehlenswertesten ist der klassische Ratenkredit, auch wenn damit im Vergleich zu Leasing und Drei-Wege- beziehungsweise Ballonfinanzierung eine höhere Monatsrate verbunden ist. Ohnehin sind dort die scheinbar günstigen Monatsraten Augenwischerei: Wenn Sie nicht nach ein paar Jahren von der Ablösesumme kalt erwischt werden wollen, müssen Sie parallel zur Kreditrate gleich noch einen Sparplan einrichten. Und die Summe aus Spar- und Kreditrate ist dann meist mindestens so teuer wie der klassische Ratenkredit.

Dazu kommen die Zinskosten: Je schneller Sie den Kredit zurückzahlen, umso niedriger ist die Summe der Zinsen, die Sie an die Bank zahlen müssen. Bei der Drei-Wege- und Ballonfinanzierung müssen Sie hingegen während der gesamten Finanzierungsdauer Kreditzinsen für die spätere Schlussrate entrichten. Wie sich das in Euro und Cent auswirkt, zeigt die folgende Beispielrechnung auf Basis eines Autokredits in Höhe von 10 000 Euro mit vier Jahren Laufzeit und einem Effektivzins von 5,0 Prozent:

Variante 1: Drei-Wege-Finanzierung mit 6 000 Euro Ablöse am Schluss

Monatsrate	116,36 Euro
Ablöse am Ende	6 000 Euro
Summe der Zinsen	1 585,32 Euro
Gesamtkosten	**11 585,32 Euro**

Variante 2: klassischer Ratenkredit

Monatsrate	229,79 Euro
Ablöse am Ende	0 Euro
Summe der Zinsen	1 029,93 Euro
Gesamtkosten	**11 029,93 Euro**

Fazit: Wenn Sie sich für den Ratenkredit entscheiden, sparen Sie im Beispiel insgesamt 555,39 Euro, obwohl der Zinssatz bei beiden Varianten identisch ist.

Konto, Karten & Co.

Girokonto, Kreditkarten und Online-Geldtransaktionen: Hier sollten Sie nicht nur die damit verbundenen Kosten kennen, sondern auch wissen, wie Sie bei Kontoführung und Zahlungsverkehr Missbrauchsrisiken vermeiden.

→ **Vermutlich haben Sie bereits** zu Schulzeiten ein Girokonto eröffnet. Doch im Lauf der Zeit ändert sich der Bedarf: Mit den steigenden Ausgaben nimmt man jetzt öfter mal den Geldautomaten in Anspruch, für den Urlaub im Ausland und die Kaution bei der Buchung von Mietwagen oder Unterkünften wäre eine Kreditkarte nicht schlecht, und fürs Shoppen im Internet möchten Sie vielleicht gerne ein Paypal-Konto eröffnen.

Da stellt sich die Frage: Passen die Finanzprodukte, die ich womöglich im Alter von 12 oder 14 Jahren abgeschlossen habe, noch zu mir? Nicht immer sind die Kinder- und Jugendkonten, die vor allem Sparkassen und Genossenschaftsbanken gerne anbieten, nach dem Upgrade auf ein „richtiges" Konto noch die erste Wahl. Auch beim Online-Zahlungsverkehr ändert sich jetzt einiges. Wer zuvor beim Onlineshopping die Konten der Eltern genutzt hat, richtet nun eigene Kundenkonten ein und nutzt die Dienste von Online-Zahlungsanbietern auf eigene Rechnung.

Der Start in die Ausbildung, ins Studium oder danach in den Job ist eine gute Gelegenheit, um bei Konto und Karte den Bedarf zu prüfen und gegebenenfalls den Anbieter oder das Kontomodell zu wechseln.

Girokonto: Wie finde ich das günstigste Angebot?

Die Kontokosten werden oft unterschätzt und summieren sich dann langfristig. Vergleichen und Wechseln spart viel Geld.

Kostenlose Girokonten für Schüler, Azubis und Studenten – mit solchen Angeboten werben viele Banken um die Gunst junger Leute. Das Kalkül: Wenn nach dem Abschluss von Ausbildung oder Studium das Konto gebührenpflichtig wird, scheuen viele den Aufwand für einen Bankwechsel und bleiben trotz Mehrkosten dem Geldinstitut treu.

Allerdings hat die Bequemlichkeit auf lange Sicht einen hohen Preis, denn zu den monatlichen Kontogebühren kommen häufig noch weitere Kosten, beispielsweise für die Girocard oder die Kreditkarte, hinzu. Wenn sich dann die Gebühren auf 80 Euro pro Jahr summieren, zahlt man auf Sicht von zehn Jahren happige 800 Euro mehr. Angesichts des überschaubaren Aufwands für den einmaligen Wechsel der Hausbank ist das ein fürstlicher Betrag.

Daher sollten Sie den Einstieg ins Berufsleben nutzen, um zu prüfen, ob Sie Ihr Girokonto kostenlos oder zumindest zu niedrigeren Kosten weiterführen können. Sofern Sie eine Ausbildung beginnen, sollten Sie bei gebührenfreien „Azubi-Konten" auf die Gebühren für reguläre Girokonten achten. Wenn nach jetzigem Stand das Konto später einmal am besten gebührenfrei, zumindest aber zu geringen monatlichen Kosten weitergeführt werden kann, sollten Sie das Azubi-Sondermodell In Betracht ziehen. Oder Sie nehmen in Kauf, dass Sie nach der Ausbildung das Konto noch einmal wechseln.

Den Vergleich von verschiedenen Girokonto-Modellen sollten Sie mit Sorgfalt durchführen, denn es sind dabei ganz unterschiedliche Kostenfaktoren zu berücksichtigen. Am Ende ist das Angebot, mit dem Sie Ihren persönlichen Bedarf am kostengünstigsten umsetzen können, für Sie am besten geeignet.

Kontogebühren

Bei der Kontoführungsgebühr handelt es sich um ein festes Entgelt, das die Bank Ihnen monatlich in Rechnung stellt. In den vergangenen Jahren hat die Zahl der Banken, die ohne Wenn und Aber auf diese Gebühr verzichten, kontinuierlich abgenommen. Wird ein gebührenfreies Konto angeboten, verknüpft dies die Bank häufig mit der Bedingung, dass das Konto als Gehaltskonto geführt wird. Eine Stichproben-Untersuchung der Verbraucherzentrale Nordrhein-Westfalen im Herbst 2020 hat gezeigt, dass die zehn untersuchten Banken diesen Begriff recht willkürlich interpretieren:

- Die Höhe des geforderten monatlichen Mindestgeldeingangs variierte in der Untersuchung zwischen 600 und 3 000 Euro.
- Manche Banken akzeptieren nur Gehalts- und Rentenzahlungen als maßgeblichen Geldeingang, andere hingegen auch Mieteingänge oder eigene Überweisungen, etwa bei Selbstständigen vom Firmen- aufs Privatkonto.

Darüber hinaus sollten Sie kritisch prüfen, welche Leistungen mit der Kontogebühr oder im Idealfall gebührenfrei abgegolten sind. Manche Institute verlangen nämlich für jeden sogenannten Buchungsposten einen separaten Obolus. Dabei handelt es sich beispielsweise um Überweisungen, Lastschriften oder Geldeingänge. Vor allem die Einzelposten beim Geldausgang können im Lauf eines Monats zahlreich werden, wenn regelmäßig kleine Abbuchungen erfolgen – etwa für Onlineshopping, Kartenzahlungen im Alltag oder diverse Abos wie Netflix, Spotify und Co. Schon eine vermeintliche Mini-Gebühr von 25 Cent pro Buchungsposten summiert sich auf stattliche 60 Euro pro Jahr, wenn jeden Monat im Schnitt 20 Buchungen auf dem Girokonto anfallen.

Eine weitere Bedingung für gebührenfreie oder vergünstigte Konten ist meist die Kontoführung per Onlinebanking. Doch wenn Sie Ihre Geldgeschäfte bei diesem Kontomodell zwischendurch einmal auf konventionellem Weg abwickeln wollen, kann es so richtig teuer werden. Überweisungen auf Papierformularen oder Scheckeinreichungen werden von manchen Banken nämlich mit Gebühren bis zu 5 Euro pro Vorgang belegt.

→ Vorsicht: Gemischte Nutzung

Wenn Sie nicht ausschließlich Onlinebanking betreiben wollen, sollten Sie unbedingt im Preis-Leistungsverzeichnis der Bank ermitteln, welche Zusatzkosten mit telefonischen oder auf Papier erteilten Aufträgen verbunden sind.

Kosten für Bank- und Kreditkarten

Zur Standardausstattung eines Girokontos gehört eine Bankkarte, die sogenannte Girocard. Mit dieser Karte können Sie am Automaten Geld abheben und bargeldlos bezahlen – beispielsweise im Supermarkt, in Kneipen und Restaurants oder an der Kinokasse. Weil die Karten zumeist mit den Funktionalitäten der internationalen Zahlungssysteme Maestro und V-Pay ausgestattet sind, lässt sich die Girocard auch in vielen anderen Ländern für Kartenzahlungen und an Geldautomaten nutzen.

Allerdings ist die Ausgabe der Girocard nicht immer in den monatlichen Kontofüh-

30
SEKUNDEN
FAKTEN

18,7
MRD.
Transaktionen wurden laut Statistik der Deutschen Kreditwirtschaft (DK) bundesweit im Jahr 2019 mit der Girocard abgewickelt.

211
MRD. EURO
betrug im Jahr 2019 der Gesamtumsatz der Zahlungen mit der Girocard.

871 000
Terminals können in Deutschland für Zahlungen mit der Girocard genutzt werden.

rungsgebühren enthalten. Manche Banken und Sparkassen verlangen für die Karte eine jährliche Zusatzgebühr. In diesen Fällen sollten Sie die zusätzlichen Kosten für die Girocard beim Bankenvergleich berücksichtigen.

Wenn Sie zu Ihrem Konto noch eine Kreditkarte mitbuchen wollen, können hierfür ebenfalls Kosten entstehen – und die fallen je nach Bank und Kartenvariante höchst unterschiedlich aus. Die Bandbreite reicht von der Kreditkarte zum Nulltarif bis hin zu Jahresgebühren von mehr als 100 Euro für Gold- und Platin-Kreditkarten. Worauf Sie bei der Wahl der Kreditkarte achten sollten, lesen Sie ab S. 81 im nächsten Abschnitt.

Gebühren am Geldautomaten

Das billigste Girokonto nützt Ihnen wenig, wenn sich in Ihrer Nähe kein Geldautomat befindet, den Sie kostenlos nutzen können. Gebühren von bis zu 7,50 Euro pro Abhebung sind keine Seltenheit, wenn Sie beim Geldholen fremdgehen. Schwer durchschaubar sind dabei oft die Regelungen zur Frage, welche Geldautomaten kostenlos oder verbilligt genutzt werden können.

Eine vergleichsweise klare Regelung haben die Sparkassen, wo den Kunden innerhalb der Organisation bundesweit rund 23 000 Geldautomaten zu den Konditionen der kontoführenden Sparkasse zur Verfügung stehen. Wenn Sie Kunde einer Volks- oder Raiffeisenbank oder einer PSD Bank sind, können Sie das Bankcard Servicenetz mit rund 18 000 Geldautomaten ebenfalls ohne Aufpreis nutzen.

Schwieriger wird es bei privaten Banken oder kleineren Geldinstituten. Im Kreis der Privatbanken haben sich Deutsche Bank, Commerzbank, HypoVereinsbank, Postbank, Comdirect und Norisbank zur „Cash Group“ zusammengeschlossen. Damit können die Kunden dieser Institute die Geldautomaten der Partnerbanken ohne Zusatzgebühr nutzen. Die Sparda-Banken verlangen keine Extra-Gebühren bei der Auszahlung an den Automaten von Banken des „CashPool“, zu dem außer den Sparda-Banken einige Privatbanken wie beispielsweise Santander, Degussa Bank, BB Bank, Targobank und Südwestbank zählen.

Doch Vorsicht: Selbst am bankeigenen Automaten können Gebühren anfallen – denn manche Banken gewähren nur eine bestimmte Anzahl von gebührenfreien Abhebungen pro Monat. Wer dieses Limit überschreitet, muss dann eine Zusatzgebühr für jede Automatennutzung berappen. Außerdem gibt es Kontomodelle, bei denen die Barabhebung am eigenen Automaten als Postenpreis berechnet wird.

Gut zu wissen

Abheben im Supermarkt. In vielen Drogerie- und Supermärkten können Sie beim Einkaufen gleich Bargeld an der Kasse abheben, wenn Sie den Einkauf mit Ihrer Girocard bezahlen. Bei den meisten Handelsketten ist die Auszahlung bis zu einem Betrag von 200 Euro möglich. Das Gute daran: Egal, bei welcher Bank Sie Ihr Konto führen, die Abhebung ist immer gebührenfrei. Verlangt wird lediglich ein Mindesteinkaufswert von 5 bis 20 Euro.

Zinssatz für den Dispokredit

Wenn Sie beim Girokonto nur die Gebühren vergleichen, bleibt die Rechnung unvollständig. Denn: Auch die Höhe der Zinsen für Guthaben und Dispokredit wirkt sich auf die Gesamtkosten aus. Nur wenn das Konto das ganze Jahr über einen Stand von null Euro aufweisen würde, könnte der Zins vernachlässigt werden. Doch dies ist praktisch nie der Fall.

Während Sie sich beim Guthaben in aller Regel mit der Nullverzinsung begnügen müssen, gibt es bei den Dispozinsen große Unterschiede. Die Differenz zwischen einer günstigen und einer teuren Bank betrug in unserer letzten Untersuchung bis zu acht Prozentpunkte. Auch wenn der Unterschied zwischen zwei Geldinstituten nicht acht, sondern beispielsweise nur vier Prozentpunkte beträgt, zahlen Sie beim günstigeren Konto 30 Euro pro Jahr weniger, wenn das Konto ein halbes Jahr durchschnittlich mit 1500 Euro im Soll und das restliche halbe Jahr im Guthabenbereich ist.

Checkliste

Vergleich von Girokonten

Name der Bank: ______________________________

Bezeichnung des Kontomodells: ______________________________

1. Kontoführungsgebühren:

- Höhe der monatlichen Kontoführungsgebühr: __________ Euro
- Fordert die Bank für Gebührenverzicht beziehungsweise -vergünstigung einen Mindestgeldeingang? ☐Ja ☐ Nein
- Wenn Ja, Höhe des Mindestgeldeingangs: __________ Euro pro Monat
- Zählen auch Geldeingänge wie Arbeitslosengeld, Krankengeld, Bafög oder Unterstützung durch die Eltern zum Mindestgeldeingang? ☐Ja ☐Nein

2. Weitere Gebühren für Transaktionen:

- Gebühren pro Buchungsposten: __________ Euro
- Ergibt zusätzliche Gebühren pro Monat bei __________ Buchungsposten: __________ Euro
- Gebühren für Anlage und Änderung von Daueraufträgen: __________ Euro

3. Kartengebühren:

- Jahresgebühr Girocard: __________ Euro
- Jahresgebühr Kreditkarte: __________ Euro

4. Geldautomaten

- Kostenlose Nutzung von Geldautomaten: ☐Sparkassen ☐Volks- und Raiffeisenbanken ☐CashPool ☐Cash Group
- Weitere kostenlose Abhebemöglichkeiten: ______________________________

5. Dispozinsen

- Zinssatz für Dispokredit: __________ %
- Zinssatz für geduldete Überziehungen: __________ %

6. Kosten für Onlinebanking

- Pro AppTan: __________ Euro
- pro MobilTan (SMS): __________ Euro
- Pro Tan-Generator: __________ Euro

7. Kosten für Kontoauszüge

- Falls keine elektronische Postbox genutzt wird: __________ Euro

Wie finde ich das passende Konto?

Finanztest untersucht die Girokonten von mehr als 130 Geldinstituten fortwährend. Am bequemsten ist es daher, wenn Sie sich mithilfe unseres kostenlosen Produktfinders zwei, drei günstige Girokonten aussuchen und diese dann auf die für Sie wichtigen Punkte hin überprüfen. Den Produktfinder finden Sie unter test.de/girokonten. Azubis finden einen Test von speziellen Jugendkonten unter test.de/jugendkonten.

Die wichtigsten Daten zum Vergleich der Girokonten erhalten Sie auch auf den Seiten der Anbieter. Diese sind verpflichtet, eine Entgeltinformation für jedes angebotene Kontomodell auf ihrer Website zu veröffentlichen. Um einen Überblick zu erhalten, können Sie die Checkliste „Vergleich von Girokonten", links, fotokopieren und so für mehrere Konten ausfüllen.

Girokonto wechseln: Banken müssen zusammenarbeiten

Beim Wechsel des Girokontos sind die alte und neue Bank gesetzlich zur Zusammenarbeit verpflichtet. Die alte Bank muss dem neuen kontoführenden Geldinstitut eine Liste aller Buchungen in den letzten 13 Monaten zur Verfügung stellen – das soll vermeiden, dass die Kunden beim Bankwechsel massenweise Kontoauszüge durchforsten müssen, um Lastschriftmandate manuell zu ändern. Die neue Bank muss dann die Zahlungspartner über die neue Bankverbindung informieren.

Normalerweise müssen Sie keine Mehrkosten – beispielsweise wegen nicht ausführbarer Lastschriften – befürchten, wenn Sie die Wechselformalitäten korrekt erledigen. Denn: Beide beteiligten Banken haften für Schäden, die durch ihre Fehler bei der Abwicklung des Kontowechsels entstehen.

Leider ist das offizielle Formular des Gesetzgebers kompliziert aufgebaut und schwer verständlich. Doch einige Banken haben einen eigenen Wechselservice eingerichtet, mit dem das Verfahren auf vereinfachte Weise online abläuft. Wenn Ihre neue Bank diesen Service anbietet, können Sie damit viel Zeit sparen. Der Bankwechsel vollzieht sich in mehreren Schritten:

1. **Neues Konto eröffnen.** Zunächst eröffnen Sie Ihr neues Girokonto bei der Bank, die für Ihren Bedarf das günstigste Angebot bereitstellt.
2. **Buchungsliste anfordern.** Von Ihrer neuen Bank aus loggen Sie sich im Wechselservice in Ihr altes Girokonto ein und fordern dort die Buchungsliste der letzten Monate an.
3. **Zahlungspartner auswählen.** In der Liste können Sie nun markieren, welche Zahlungspartner über Ihre neue Bankverbindung informiert werden sollen.
4. **Daueraufträge ändern.** Wenn Daueraufträge ins neue Konto übernommen werden sollen, müssen Sie diese im alten Konto löschen und in Ihrem neuen wieder manuell anlegen.

5. **Restliche Zahlungsdaten noch manuell ändern.** Manche Zahlungspartner wie beispielsweise Paypal oder Amazon, bei denen Sie Ihr Girokonto im Account hinterlegt haben, aktualisieren die Bankverbindung nicht automatisch. Dann müssen Sie sich dort einloggen und Ihr Bankkonto manuell ändern. Bei welchen Anbietern dies nötig ist, teilt Ihnen Ihre neue Bank im Regelfall mit.
6. **Bestätigungen kontrollieren.** Die Zahlungspartner bestätigen meist die Änderung der Bankverbindung innerhalb weniger Tage. Trifft keine Bestätigung ein, sollten Sie sich erkundigen, ob die Daten aktualisiert worden sind.
7. **Altes Konto kündigen.** Nun sollten Sie zur Sicherheit zwei bis drei Monate warten. Wenn keine Transaktionen mehr über das alte Konto laufen, können Sie dieses kündigen.

Banking im Alltag

Wie funktioniert eine Lastschrift? Wie kann ich Buchungsfehler reklamieren? Über solche Dinge sollten Sie Bescheid wissen.

Wer sein Girokonto nutzt, wird immer mal wieder mit Begriffen konfrontiert, deren Bedeutung sich nicht gleich erschließt. Oder wissen Sie auf Anhieb, was ein Sepa-Lastschriftmandat ist oder welche Bedeutung der Rechnungsabschluss auf dem Girokonto hat? Zumindest in Grundzügen sollte Ihnen geläufig sein, was sich hinter solchen Begriffen verbirgt.

Überweisungen und Daueraufträge

Die Überweisung ist eine sehr einfache Transaktion: Sie beauftragen Ihre kontoführende Bank, von Ihrem Girokonto einen bestimmten Betrag auf das Konto einer anderen Person, eines Unternehmens oder einer Institution zu transferieren. Sie autorisieren die Überweisung entweder mit Ihrer Unterschrift auf dem Papierformular oder mit der Transaktionsnummer (Tan) im Onlinebanking.

Verbindliche Informationen für die Bank sind dabei in erster Linie der zu überweisende Betrag und die internationale Bankkontonummer (Iban) des Empfängers. Was viele nicht wissen: Die Bank ist dabei nicht verpflichtet zu prüfen, ob der Name der Empfänger mit deren Iban übereinstimmt. Sie können die Überweisung somit an Daisy Duck, Chuck Norris oder Albus Dumbledore

So setzt sich die IBAN zusammen

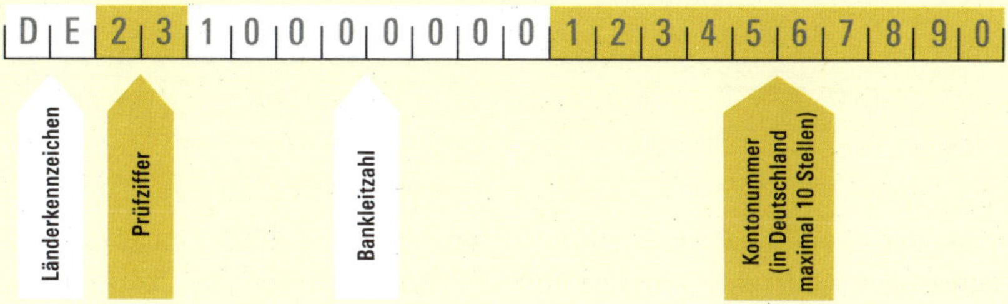

richten – solange die Iban des Empfängerkontos existiert, wird Ihr Geld unabhängig vom Namen der Inhaberin oder des Inhabers auf dieses Konto überwiesen.

Allerdings ist noch ein Sicherheitsmechanismus eingebaut, um zu vermeiden, dass der Überweisungsbetrag wegen eines Zahlendrehers auf einem ganz anderen Konto als geplant landet. Bei deutschen Konten besteht die Iban aus dem Länderkürzel „DE", gefolgt von 20 Ziffern. Die ersten beiden Ziffern bilden eine Prüfzahl, die aus den nachfolgenden Ziffern automatisch errechnet wird. Weil bei einem Tippfehler die Prüfzahl nicht mehr stimmt, wird die Eingabe der Iban ungültig und die Bank führt die Überweisung nicht aus.

Soll eine Überweisung über einen gleichbleibenden Betrag in regelmäßigen Abständen ausgeführt werden, können Sie einen Dauerauftrag einrichten. Bei der Einrichtung von Daueraufträgen legen Sie den Empfänger oder die Empfängerin, deren Iban, den zu überweisenden Betrag und den Ausführungsrhythmus fest. Dabei können Sie zwischen monatlicher, quartalsweiser und jährlicher Ausführung wählen. Daueraufträge eignen sich beispielsweise für Mietzahlungen oder für die regelmäßige Einzahlung von Geld auf einen Sparplan oder aufs Tagesgeldkonto.

Einen Dauerauftrag können Sie jederzeit einrichten, ändern oder löschen. Bei manchen Banken ist jedoch bis zur nächsten Ausführung eine Vorlauffrist von zwei bis drei Bankarbeitstagen erforderlich, damit die Änderung zum nächsten Zahlungstermin durchgeführt werden kann.

Lastschriften

Mit der Lastschrift kann ein Unternehmen oder eine Institution auf Ihr Konto zugreifen und dort Geld abbuchen lassen – unter der Voraussetzung, dass Sie zuvor die Genehmigung erteilt haben. Geregelt ist der Ablauf einheitlich für ganz Europa in den Bestimmungen zur Sepa Lastschrift. Das Kürzel Sepa steht dabei für „Single Euro Payments Area" und bezeichnet die vereinheitlichte Abwicklung von Zahlungen im Bankenverkehr in der EU und einigen weiteren Staaten.

Die Genehmigung zur Abbuchung per Lastschrift erteilen Sie mit dem Sepa-Lastschriftmandat, entweder in Papierform oder über das Internet, beispielsweise beim Bezahlen in einem Onlineshop. Wer von Ihrem Konto Geld abbuchen will, muss zuvor seiner Bank das Lastschriftmandat vorlegen.

Die Lastschrift ist ein einfaches und bequemes Zahlungsmittel, weil Sie keine Fälligkeitstermine im Auge behalten müssen, sondern der Betrag automatisch von Ihrem Konto eingezogen wird. Im Gegensatz zum Dauerauftrag können Sie das Lastschriftverfahren auch dann nutzen, wenn regelmäßig unterschiedlich hohe Beträge zu zahlen sind, etwa bei der Telefonrechnung.

Allerdings sollten Sie Ihre Kontoauszüge daraufhin überprüfen, ob die Lastschriften korrekt durchgeführt worden sind. Wenn nicht, können Sie innerhalb von acht Wochen Ihre Bank beauftragen, der Lastschrift zu widersprechen und das abgebuchte Geld wieder zurückzuholen. Anlässe hierfür sind beispielsweise

- Abbuchungen von falschen Beträgen,
- Abbuchungen durch Onlineshops, ohne dass die Ware geliefert wurde oder
- unberechtigte Abbuchungen nach der Beendigung eines Abos.

Kontoauszug und Rechnungsabschluss

Wenn Sie ein Girokonto führen, erstellt Ihre Bank in aller Regel einmal pro Monat einen Kontoauszug. Diesen verschickt sie meist nicht mehr wie früher in Papierform, sondern Sie erhalten ihn als elektronisches PDF-Dokument im Onlinepostfach der Bank. Das spart zwar Papier und Porto, bringt aber einen Nachteil mit sich: Allzu häufig wird der Kontoauszug nicht mehr gelesen, sondern verbleibt ungeöffnet im elektronischen Postfach der Bank. Dennoch sollten Sie dem monatlichen Kontoauszug etwas Zeit widmen und kontrollieren, ob eventuell unberechtigte oder falsche Lastschriften ausgeführt worden sind und ob die Bank ihre eigenen Gebühren korrekt abgerechnet hat.

„Wenn Sie am Rechnungsabschluss etwas zu bemängeln haben, müssen Sie das innerhalb von sechs Wochen reklamieren.

Besonders wichtig ist der sogenannte Rechnungsabschluss, den die Bank in der Regel alle drei Monate erstellt und der dem Kontoauszug beigefügt ist. Hier führt die Bank die Dispozinsen und Gebühren auf, die im Abrechnungszeitraum angefallen sind. Wenn Sie daran etwas zu bemängeln haben, müssen Sie innerhalb von sechs Wochen nach Erstellung des Abschlusses reklamieren. Ansonsten darf die Bank davon ausgehen, dass Sie dem Rechnungsabschluss stillschweigend zugestimmt haben. Ausgenommen von dieser Einspruchsfrist ist der Widerspruch gegen Lastschriftabbuchungen, für die unabhängig von einem zwischenzeitlichen Rechnungsabschluss die achtwöchige Rückholfrist gilt.

Kreditkarten: Welche Karte passt zu mir?

Bei der Wahl der Kreditkarte sollten Sie darauf achten, wie Sie sie einsetzen wollen und wie hoch die Gebühren sind.

Ob Sie über die Bankkarte hinaus überhaupt noch eine zusätzliche Kreditkarte brauchen, hängt von den Konditionen Ihres Kontos und von Ihrem Zahlungsverhalten ab. Sinnvoll kann eine Kreditkarte vor allem dann sein, wenn diese ohnehin in Ihrem Kontomodell ohne Zusatzkosten angeboten wird und Sie – etwa als Kunde einer Direktbank – kaum Zugang zu Geldautomaten haben, die Sie mit der Girocard kostenlos nutzen können. Einige Direktbanken bieten in solchen Fällen die kostenlose Nutzung von Automaten an, allerdings mit der Kreditkarte anstatt mit der Girocard.

Wenn Sie öfter im Ausland unterwegs sind, ist eine Kreditkarte ein sicheres und bequemes Zahlungsmittel. Auch können Sie auf Reisen mit der Kreditkarte Kautionen für Mietwagen oder Ferienwohnungen hinterlegen, ohne Bargeld abheben zu müssen. Manche Mietwagenfirmen akzeptieren ausschließlich Kautionen über die Kreditkarte.

Vier unterschiedliche Kartentypen

Die Kreditkartentypen unterscheiden sich in der Art, wie die Kreditkartenumsätze abgerechnet werden.

1. **Charge-Card.** Die Bank stellt einmal im Monat eine Gesamtrechnung über alle Umsätze aus und zieht den Betrag per Lastschrift vom Girokonto ein. Die Kunden haben somit einen kurzfristigen zinslosen Kredit.
2. **Credit-Card.** Die Kartenherausgeber bieten die Option auf Teilzahlung an, bei der sich die Kreditkartenabrechnung in eine Ratenzahlung umwandelt: Nur ein bestimmter Prozentsatz der monatlichen Umsätze wird eingezogen. Der Rest läuft als Kredit mit hoher Zinsbelastung von jährlich 12 bis 20 Prozent weiter, bis die Kunden den fehlenden Rechnungsbetrag überweisen (Revolving Credit). Meistens können Sie diese Teilzahlungsoption abwählen. Das ist sinnvoll.
3. **Debit-Card.** Bei Bargeldabhebungen oder Zahlungen mit der Debit-Card wird das angebundene Girokonto am selben Tag belastet. Sie ist daher nicht im engeren Sinn eine „echte" Kreditkarte und wird von einigen Dienstleistern wie manchen Autovermietungen nicht akzeptiert.

4 **Prepaid-Karten.** Nutzer müssen die Karte vor dem Bezahlen mit Geld aufladen. Sie können nur so viel ausgeben, wie sie eingezahlt haben, und erhalten die Karte ohne Bonitätsprüfung. Der Betrag wird sofort nach dem Bezahlen vom Guthaben abgezogen.

Zumindest in der Theorie bieten Ihnen die Charge-Card und die Credit-Card den Vorteil, dass Sie bis zum Monatsende einen zinslosen Kredit erhalten. Das zahlt sich jedoch nur aus, wenn Ihr Konto ansonsten durch die sofortigen Abbuchungen ins Minus rutschen würde – und das sollten Sie ohnehin vermeiden. Bei der Debit-Card wird hingegen sofort abgerechnet, und so müssen Sie nicht befürchten, dass am Monatsende noch eine dicke Rechnung kommt. Damit ist die Debit-Card mit ihren oftmals günstigeren Jahresgebühren sogar die bessere Lösung, wenn es Ihnen schwerfällt, den Überblick über die noch nicht abgerechneten Kartenumsätze zu behalten.

Dann gibt es noch die Prepaid-Kreditkarten, die zuerst mit Guthaben aufgeladen werden müssen, bevor sie zur Zahlung eingesetzt werden können. Damit können diese Karten auch von Jugendlichen genutzt werden, weil Schulden ausgeschlossen sind. Allerdings lassen sich mit der Prepaid-Karte keine Kautionen stellen, sodass die Einsatzmöglichkeiten begrenzt sind.

Revolving-Kreditkarten: Die sollten Sie meiden

Eigentlich werden bei der klassischen Kreditkarte die Zahlbeträge entweder sofort oder als Sammelabrechnung am Monatsende vom Girokonto abgebucht. Doch immer häufiger wird in Deutschland eine weitere Kartenvariante angeboten, die eine eingebaute Ratenkreditfunktion enthält. Die Kombination aus Kreditkarte und Ratenkredit – im Fachjargon auch als „Revolving-Kreditkarte“ bezeichnet – wandelt den am Monatsende fälligen Abrechnungsbetrag in einen Ratenkredit um. Damit bucht der Kartenanbieter den Betrag nicht Ihrem Girokonto ab, sondern Sie stottern ihn über Monate oder gar Jahre hinweg ab.

Für das bequeme Schuldenmachen zahlen Sie einen hohen Preis.

Die Anbieter werben damit, dass mithilfe des Kartenkredites größere Spontankäufe vereinfacht werden. Wenn Sie etwa im Möbelhaus das lang ersehnte Designer-Sofa sehen und nicht genügend Geld auf dem Konto haben, brauchen Sie sich nicht erst um einen Ratenkredit zu kümmern. Stattdessen können Sie gleich die Kreditkarte zücken und den Kredit automatisch aktivieren.

Doch für das bequeme Schuldenmachen zahlen Sie einen hohen Preis. Für die Kredite werden häufig weit mehr als 10 Prozent Zinsen fällig. Das heißt: Je länger Sie den Kaufpreis abstottern, umso mehr verteuern Zins und Zinseszins den Kauf.

Beispiel: Emma stottert einen Spontankauf über 5 000 Euro über 60 Monate hinweg mit einem Kartenkredit zu 10,5 Prozent Zins ab. Zusätzlich zum Kaufpreis zahlt sie dann insgesamt nochmals 1448 Euro Zinsen. Damit verteuert sich das vermeintliche Schnäppchen um fast 30 Prozent.

→ Keine Kreditkartenschulden

Häufen Sie auf keinen Fall Schulden auf dem Kartenkonto an. Sinnvoller und sicherer ist es, Kreditkarten als reine Zahlungsmittel einzusetzen und für eine bedarfsweise Kreditfinanzierung einen zinsgünstigen Raten- oder Rahmenkredit aufzunehmen. Das spart nicht nur hohe Zinskosten. Auch das Risiko, dass Sie aufgrund vieler unterschiedlicher Kreditprodukte den Überblick verlieren und in die Schuldenfalle geraten, lässt sich wirkungsvoll reduzieren.

Wie Sie Kreditkarten vergleichen

Bevor Sie eine Kreditkarte erwerben, sollten Sie unbedingt die damit verbundenen Gebühren vergleichen. Bei den über Banken oder andere Dienstleister vertriebenen Mastercard- und Visa-Kreditkarten kann es nämlich durchaus vorkommen, dass die Karte derselben Kartengesellschaft bei verschiedenen Geldinstituten unterschiedlich viel kostet. Wichtige Kriterien beim Vergleich sind die folgenden Posten:

- **Jährliche Grundgebühr.** Diese Gebühr müssen Sie unabhängig vom Einsatz der Karte Jahr für Jahr entrichten. Manche Banken bieten Karten ohne Jahresgebühr mit dem Girokonto an, andere kassieren pro Jahr 20 Euro oder mehr.
- **Geldautomaten-Gebühr.** Beim Einsatz am Geldautomaten gibt es große Gebührenunterschiede – von Freiabhebungen bis hin zu mehr als 7 Euro.
- **Auslandseinsatz-Gebühr.** Wenn Sie Ihre Kreditkarte außerhalb der Eurozone einsetzen, wird bei der Umrechnung der Fremdwährung eine Provision einbehalten, die je nach Institut zwischen 0 und 2 Prozent des Umsatzes beträgt. Je häufiger Sie die Kreditkarte außerhalb der Eurozone einsetzen, umso wichtiger wird dieses Kriterium beim Vergleich.

Häufig werden Kreditkarten in mehreren Varianten als günstige Basiskarte und teure Gold- oder Premiumkarte angeboten. Für den höheren Preis gibt es bestimmte Extras wie Serviceleistungen, Reise- und andere Versicherungen. Doch die Versicherungsleistungen sind oft entweder überflüssig oder mit so vielen Einschränkungen versehen, dass sie kaum noch sinnvoll sind. Ebenfalls mit höheren Gebühren sind häufig

Kreditkarten versehen, mit denen Marken wie Autohersteller oder Airlines verknüpft werden. Als Zusatzleistung winken üblicherweise mehr oder weniger attraktive Extras im Kundenclub der jeweiligen Marke.

Bei der Akzeptanz gibt es nur wenige Unterschiede zwischen den weltweiten Marktführern Visa und Mastercard, die beide in über 200 Ländern jeweils mehr als 35 Millionen Akzeptanzstellen vorweisen können. Deutlich dünner ist hingegen das Netz an Stellen, die seltenere Kartenanbieter wie American Express oder Diners Club als Zahlungsmittel annehmen.

→ Einfache Karte genügt

Für die Zahlungsfunktion ist eine günstige Standard-Kreditkarte völlig ausreichend – egal, ob Debit- oder Charge-Karte. Bei Marken- oder Premiumkarten sind die angepriesenen Extras den Aufpreis meist nicht wert, sodass Sie auf solche Varianten getrost verzichten können. Die Konditionen einzelner Anbieter können Sie auf der Internetseite der Stiftung Warentest unter test.de/kreditkarten gegen ein geringes Entgelt vergleichen.

Konto- und Kartenmissbrauch: So schützen Sie sich

Wer die Betrugs- und Missbrauchsmaschen der Onlinebetrüger erkennt, kann bösen Überraschungen wirksam vorbeugen.

Die E-Mail der Sparkasse forderte Maik zum schnellen Handeln auf: Wegen eines Updates ihres Servers müsse der 21-jährige Auszubildende sein Onlinebanking neu aktivieren, ansonsten könne er keine Onlineüberweisungen durchführen. Für die sichere und bequeme Aktivierung solle er einfach den Link anklicken und dort seine Zugangsdaten eingeben. Was Maik nicht wusste: Die Mail war gefälscht, und der Link führt auf eine Seite, wo Betrüger über die vermeintliche Anmeldung seine Iban (Internationale Bankkontonummer) ergaunerten. Einige Tage später buchten sie dann mithilfe eines gefälschten Sepa-Lastschriftmandats von Maiks Girokonto knapp 50 Euro ab. Die Abbuchung bemerkte Maik nicht, weil er seine Kontoauszüge nur sporadisch kontrollierte und dabei auch bloß auf größere Umsätze achtete. Hätte er seinen Kontoverlauf genauer unter die Lupe genommen, wäre der abgebuchte Betrag aufgefallen, und er hätte ihn wieder zurückholen können. Das wäre nicht nur innerhalb der regulären achtwöchigen Frist möglich gewesen, sondern sogar nach bis zu 13 Monaten, weil die Lastschrift nicht autorisiert war.

Genau diese Nachlässigkeit ihrer Opfer gehörte zur Strategie der Kriminellen: Mit ergaunerten Kontodaten und der unberechtigten Abbuchung von Beträgen, die aufgrund ihrer geringen Höhe häufig unbemerkt blieben, konnten sie sich in der Summe viel Geld erschleichen.

Der Fall beschreibt nur eine von zahlreichen Maschen, mit denen Kriminelle das Internet nutzen, um Konten argloser Menschen zu kapern und Geld abzuziehen. Das betrifft nicht nur Bankkonten, sondern auch Kreditkarten, Accounts bei Onlinehändlern und Konten bei Zahlungsdienstleistern wie Paypal. Daher sollten Sie im Umgang mit Konto, Kreditkarte und Onlineaccounts Vorsicht walten lassen, um das Risiko von Betrug und Kontomissbrauch so gering wie möglich zu halten.

Sicherheit beim Onlinebanking

Bei der Onlineabwicklung von Banktransaktionen setzen Geldinstitute auf mehrstufige Sicherheitsmaßnahmen. Das soll verhindern, dass Betrüger bereits dann an Ihr Geld kommen, wenn sie lediglich Ihre Passwörter stehlen konnten. Daher müssen Sie jede Transaktion mit einem individuellen Code – der Transaktionsnummer (Tan) – bestätigen, den Sie von der Bank während der Abwicklung der Transaktion erhalten.

In aller Regel kommt dabei eines der folgenden Verfahren zum Einsatz:

- **Chip-Tan.** Hierfür benötigen Sie einen Chip-Tan-Generator, den Sie entweder bei Ihrer Bank oder im Handel erwerben können. Nach Eingabe der Transaktionsdaten erscheint am Bildschirm eine blinkende Reihe schwarzer Striche. Nun stecken Sie Ihre Girocard in den Tan-Generator und halten ihn an die blinkende Reihe. Mithilfe des auf der Karte befindlichen Chips errechnet der Generator nun die Tan, die Sie zum Abschluss der Transaktion eingeben.
- **Photo-Tan.** Hier wird am Bildschirm eine Grafik erzeugt, die Sie entweder mit einem speziellen Lesegerät oder über eine App mit der Smartphone-Kamera einlesen müssen. Nach dem Erfassen der Grafik werden Auftragsdaten und Tan angezeigt.
- **QR-Tan.** Bei dieser Variante erscheint am Bildschirm ein schwarz-weißer QR-Code, den Sie mit einer QR-Tan-App des Smartphones einscannen. Dann geben Sie die daraus erzeugte Tan ein.
- **SMS-Tan.** Bei diesem Verfahren sendet Ihnen die Bank nach dem Bestätigen der Transaktionsdaten per SMS die dazugehörige Tan auf Ihr Handy, dessen Nummer Sie zuvor in Ihrer Kontoverwaltung registriert haben. Nach Eingabe

der Tan ist die Transaktion freigegeben. Wichtig: Verwenden Sie bei diesem Verfahren für die eigentliche Transaktion nicht das Smartphone, sondern ein anderes Gerät wie zum Beispiel PC oder Tablet. Damit vermeiden Sie, dass bei einer Infizierung des Smartphones mit Schadsoftware die Transaktion manipuliert werden kann.

- **App-Tan.** Bei der Abwicklung von Bankgeschäften über das Smartphone erhalten Sie die Tan nach Eingabe Ihres persönlichen Passworts innerhalb einer komplett verschlüsselten App. Durch die Verschlüsselung soll sichergestellt werden, dass Bank- und Transaktionsdaten von möglicher Schadsoftware auf dem Gerät nicht ausgespäht werden können.

Wenn Ihr Konto gehackt wurde, Ihre Bankkarte abhandengekommen ist oder Sie einen missbräuchlichen Zugriff auf Ihr Bankkonto bemerken, ist schnelles Handeln Pflicht. Setzen Sie sich sofort mit Ihrer Bank in Verbindung, um im Idealfall noch verhindern zu können, dass Geld ins Ausland transferiert wird. Für die Sperrung von Bank- und Kreditkarten stehen neben dem zentralen Sperr-Notruf 116 116 Notrufnummern zur Verfügung, die Sie am besten in Ihr persönliches Telefonverzeichnis eintragen. Handelt es sich eindeutig um betrügerische Zugriffe aufs Konto, sollten Sie überdies bei der Polizei Anzeige erstatten.

Kreditkartenmissbrauch

Wenn Betrüger durch Kartendiebstahl oder technische Tricks in den Besitz von Kreditkartendaten kommen, können sie diese anschließend missbräuchlich verwenden. Das geschieht nicht nur durch Diebstahl der physischen Karte, sondern auch durch das Ausspähen von Kartendaten, die im Internet hinterlegt sind. Dabei sind die Karteninhaber oftmals nicht das erste Angriffsziel, sondern Onlineshops, die auf ihren Servern Daten verwalten. Diese sollten zwar gut gesichert und verschlüsselt sein, sind es aber in der Praxis leider nicht immer.

Sobald Sie Unregelmäßigkeiten auf dem Kreditkartenkonto feststellen, sollten Sie unbedingt mit schnellem Handeln weiteren Missbrauch verhindern. Fällt Ihnen eine Falschbuchung auf, sollten Sie zunächst prüfen, ob es sich um einen tatsächlich von Ihnen getätigten Einkauf handelt. Ist dies nicht der Fall, sollten Sie den Umsatz beim kartenausgebenden Geldinstitut umgehend reklamieren. Wurde der Umsatz ohne Ihr Wissen getätigt, müssen Sie die Karte möglichst schnell sperren. Gleiches gilt, wenn die Kreditkarte gestohlen wurde oder verloren ging. Auch für Kreditkarten gibt es Notfall-Rufnummern wie den zentralen Sperr-Notruf 116 116, die rund um die Uhr erreichbar sind.

Bei konkretem Betrugsverdacht sollten Sie überdies gleich Strafanzeige bei der Polizei stellen und Beweismaterial sichern. Bewahren Sie deshalb alle Einkaufs- und Geld-

Checkliste

Vier Maßnahmen für mehr Onlinesicherheit

Häufige Ursachen für betrügerischen Zugriff auf Bankkonten sind ein sorgloser Umgang mit den Zugangsdaten oder Sicherheitslücken im PC-System. Um beim Onlinebanking auf der sicheren Seite zu sein, genügen ein paar einfache Maßnahmen:

- ☐ **Keine Zugangsdaten speichern.** Wer Geheimzahlen, Passwörter oder gar Transaktionsnummern (Tans) auf seinem Smartphone oder dem PC speichert, riskiert bei einem Hackerangriff auf sein Gerät, dass die Daten in fremde Hände gelangen. Dagegen hilft die klassische Trennung: Die geheimen Daten bleiben in Papierform gut verwahrt und werden bei den Transaktionen von Hand eingegeben.
- ☐ **Keine Bankadressen aus E-Mails aufrufen.** Ein beliebter Trick ist die Zusendung gefälschter E-Mails an Bankkunden. In der scheinbar von der Bank stammenden E-Mail werden die Empfänger aufgefordert, einem Internetlink zu folgen und auf der Zielseite ihre Daten und Transaktionsnummern einzugeben. Dies wird meist mit angeblichen technischen Problemen begründet. In Wirklichkeit handelt es sich jedoch um eine sogenannte Phishing-Internetseite, die von Kriminellen zum Abgreifen von Bank-Zugangsdaten betrieben wird.
- ☐ **Aktuelle Software verwenden.** Wer Betriebssystem, Internetbrowser und Virenscanner stets auf dem neuesten Stand hält, kann Sicherheitsrisiken wirksam reduzieren. Schädliche Trojaner- und Virenprogramme finden ihre Sicherheitslücken nämlich am besten in veralteten Systemen.
- ☐ **WLan verschlüsseln.** Drahtlose Internetverbindungen über WLan sollten auf keinen Fall unverschlüsselt betrieben werden, weil der Datenverkehr dann von außerhalb ausspioniert werden kann. Als sicherer Verschlüsselungsstandard gilt WPA 2, der auf fast allen gängigen Routern und WLan-Geräten funktioniert.

Checkliste

Drei wichtige Sicherheitsregeln

Beim Umgang mit Bank- und Kreditkarten sollten Sie drei Regeln beachten:

- ☐ **Regel 1:** Schreiben Sie Ihre Geheimzahl nirgendwo auf. Wenn Sie befürchten, dass Ihr Gedächtnis Sie im Stich lässt, sollten Sie sie unbedingt räumlich getrennt von der Karte aufbewahren – oder Sie ändern die Geheimzahl Ihrer Karten in eine Zahl, die Sie sich gut merken können.
- ☐ **Regel 2:** Behalten Sie beim Bezahlen Ihre Karte immer in Sichtweite. Es gab schon Fälle, in denen in Hinterzimmern von Geschäften oder Restaurants Kartenkopien angefertigt wurden, mit denen anschließend eine Ganovenbande auf Shoppingtour ging.
- ☐ **Regel 3:** Achten Sie beim Bezahlen darauf, dass niemand sehen kann, wie Sie Ihre Geheimzahl eingeben.

automatenbelege, Belege von mit der Karte bezahlten Onlinegeschäften und aktuelle Kartenabrechnungen auf.

Wenn Sie befürchten, dass Kartendaten über das Internet gestohlen worden sind, sind weitere Sicherheitsmaßnahmen sinnvoll. Weil in diesem Fall nicht ausgeschlossen werden kann, dass der Computer von Schadsoftware befallen ist, sollten Sie zunächst von einem anderen Computer aus sämtliche Onlinepasswörter ändern. Führen Sie über den infizierten PC keine weiteren Onlinetransaktionen mehr durch. Mit der Neuinstallation des Betriebssystems sollten Sie jedoch abwarten, bis die Polizei die auf Ihrem Computer befindlichen Daten geprüft und die Beweissicherung abgeschlossen hat.

Immerhin gilt: Solange Sie die wichtigsten Sicherheitsregeln beachtet haben – insbesondere das getrennte Aufbewahren von Karte und Geheimzahl –, müssen Sie nicht befürchten, auf den missbräuchlichen Kartenumsätzen sitzen zu bleiben. Zwar verlangen manche Banken einen Selbstbehalt. Dieser darf aber 50 Euro nicht übersteigen.

Fake-Shops, Paypal-Betrug und Co.: Fallen im Internet

Onlineshopping ist bequem, aber nicht frei von Risiken. Die seit Jahren zunehmende Beliebtheit des Einkaufsbummels im Internet lockt immer mehr Kriminelle an, die auf Kosten Gutgläubiger das schnelle Geld machen.

Eine einfache, aber leider erfolgreiche Masche sind Fake-Shops. Hier handelt es sich um vermeintliche Onlineshops, etwa für Designerkleidung, Unterhaltungselektronik oder Uhren. Der Unterschied zum seriösen Shop: Sie liefern bestellte Ware entweder nie oder schicken ein Ramschprodukt anstatt des angepriesenen Luxusschnäppchens. Das Geld jedoch ist schon weg, weil sie in aller Regel Vorkasse verlangen. Um nicht auf Fake-Shops hereinzufallen, sollten Sie auf die folgenden Merkmale achten:

- **Zahlungsweise.** Fake-Shops bieten weder Lastschrift noch Paypal-Zahlung mit Käuferschutz an, sondern fordern meist eine Vorab-Überweisung – denn die können Sie nicht zurückholen.
- **Ungewöhnlich günstige Preise.** Wenn Markenartikel weit unter dem üblichen Preis angeboten werden, sollten Sie hellhörig werden. Selbst wenn die Ware geliefert wird, handelt es sich häufig um gefälschte Produkte.
- **Unternehmenssitz.** Sitzt die Firma im Ausland, ist sie nicht zwangsläufig unseriös – aber die meisten Fake-Shops sind im Ausland, oft sogar außerhalb der EU ansässig. Damit haben Sie im Streitfall kaum Chancen, irgendwelche Ansprüche gerichtlich durchzusetzen.

Der Online-Zahlungsdienst Paypal ist einer der globalen Marktführer beim Bezahlen per Internet und wirbt mit einfacher und sicherer Handhabung. In der Tat ist der Schutz gegen Kontomissbrauch hoch, und die Zahlungsabwicklung ist sehr einfach gehalten. Dazu kommt der Käuferschutz, der bei der Zahlung über Paypal bei einem Einkauf zusätzliche Sicherheit bietet, wenn es Probleme mit dem Händler wegen Nichtlieferung oder Mängeln gibt. Allerdings bleibt für Betrüger ein Schlupfloch: Wenn man Sie auffordert, statt mit einer regulären Shop-Zahlung via Paypal den Rechnungsbetrag mit der Funktion „Geld an Freunde senden" an den Anbieter zu schicken, wird der Käuferschutz ausgehebelt.

Gut zu wissen

Achtung Kleinanzeigen. Immer wieder werden Kleinanzeigenportale als Basis für Betrügereien genutzt, vor allem in Form von nicht gelieferten Artikeln bei Zahlung im Voraus. Was Sie bei der Wohnungssuche wissen sollten: Auch hier tummeln sich Kriminelle, vor allem in Städten mit angespanntem Wohnungsmarkt. Günstige Wohnungen werden über Kleinanzeigen angeboten, und der Interessent kann die Wohnung sofort erhalten. Weil der Eigentümer angeblich im Ausland weilt, schickt er Schlüssel und Mietvertrag mit der Post – aber erst, wenn er eine Kaution erhalten hat. Doch der Schlüssel trifft nie ein, die Wohnung existiert gar nicht, und die Kaution ist weg.

Richtig versichern

Mit Start in den Beruf oder in die Ausbildung stellt sich die Frage, welche Versicherungen nun wichtig sind. Bei einigen Verträgen endet jetzt die Mitversicherung bei den Eltern, sodass Sie sich auf eigene Faust absichern sollten.

Den Deutschen eilt der Ruf voraus, viel Wert auf Sicherheit zu legen. Dass darin mehr als nur ein Körnchen Wahrheit steckt, zeigt sich in den glänzenden Geschäften der Versicherer: Weit mehr als 2000 Euro pro Jahr geben wir hierzulande im Schnitt für private Versicherungen aus. Allerdings bedeutet das längst nicht immer, dass hohe Versicherungsausgaben den perfekten Schutz garantieren. Untersuchungen zeigen vielmehr immer wieder, dass viel Geld für unnötige Policen ausgegeben wird, während beim existenziellen Schutz beispielsweise gegen Haftpflichtansprüche oder Berufsunfähigkeit in vielen Haushalten Lücken klaffen.

Grund genug also, sich näher mit der Materie zu befassen. Die gute Nachricht gleich vorweg: Sie müssen sich nur mit einigen wenigen Versicherungsarten beschäftigen, weil Sie viele Policen gar nicht brauchen. Das Produktangebot der Versicherungsunternehmen teilt sich nämlich bei näherer Betrachtung in drei Kategorien auf:

1. **Muss-Versicherungen.** Diese Versicherungen sind wichtig und sollten in keinem Haushalt fehlen. Daher erläutern wir sie in diesem Kapitel ausführlich. Dazu zählen die private Haftpflichtversicherung, die Absicherung gegen Berufsunfähigkeit, die Auslandsreisekrankenversicherung und beim Besitz eines motorisierten Fahrzeugs die Kfz-Versicherung.
2. **Kann-Versicherungen.** Policen in dieser Kategorie können je nach persönlichem Bedarf und Lebenslage sinnvoll sein. Beispiele hierfür sind Risikolebensversicherung, private Krankenzusatzversicherungen sowie Hausrat-, Unfall-, Cyber- und Rechtsschutzversicherung. Auch zu diesen Versicherungen liefert Ihnen dieses Buch die wichtigsten Informationen.
3. **Brauch-ich-nicht-Versicherungen.** Die Anbieter lassen sich immer neue Produkte einfallen, um ihren Kunden noch mehr verkaufen zu können. Allerdings sind viele Policen wie Reisegepäck-, Elektronikgeräte- oder Brillenversicherungen nur für den Versicherer lohnenswert. Im Verlauf dieses Kapitels lesen Sie, auf welche Angebote Sie getrost verzichten können.

Privathaftpflichtversicherung

Eine private Haftpflichtversicherung benötigen alle – es gibt keinen vernünftigen Grund, auf diesen Schutz zu verzichten.

Wer jemand anderem aus Unachtsamkeit einen Schaden zufügt, muss für die Wiedergutmachung aufkommen. Dieser Grundsatz wird im Juristendeutsch als „Haftpflicht" bezeichnet. Dabei geht es nicht nur um Sachschäden wie die beim Fußballspiel zerdepperte Fensterscheibe. Die Haftpflicht gilt auch, wenn jemand bei dem Missgeschick verletzt worden ist. Dann kann dessen Krankenkasse im Nachhinein vom Unfallverursacher die Behandlungskosten einfordern. Unter Umständen bestehen sogar Ansprüche auf Schmerzensgeld oder Rentenzahlungen, wenn Geschädigte wegen bleibender gesundheitlicher Beeinträchtigungen nicht mehr arbeiten können.

Im schlimmsten Fall können Ansprüche aus der Haftpflicht zum finanziellen Ruin führen. Ein konstruierter, aber durchaus möglicher Fall: Leon überquert trotz roter Ampel zu Fuß eine belebte Straße, ohne nach links und rechts zu schauen. Ein Transporter mit wertvoller Ladung muss ausweichen und rammt dabei noch ein anderes Auto. Der Sachschaden beläuft sich auf 30 000 Euro Blechschaden plus weitere 20 000 Euro für die zerstörte Fracht. Dazu kommen noch weitere 50 000 Euro Behandlungs- und Reha-Kosten für die schwer verletzten Fahrzeuginsassinnen, was sich am Ende zu einem Gesamtschaden von 100 000 Euro summiert – und für den muss Leon als Verursacher geradestehen.

Um sich in solchen Extremfällen vor dem finanziellen Ruin zu schützen, benötigen Sie unbedingt eine private Haftpflichtversicherung. Diese übernimmt die Kosten für Sach- und Personenschäden, die Sie bei Dritten verursachen. Sogar wenn Sie grob fahrlässig gehandelt haben, springt die Haftpflichtversicherung ein. Lediglich bei Vorsatz gibt es keinen Versicherungsschutz.

Sobald Sie nicht mehr über die Familien-Haftpflichtversicherung der Eltern mitversichert sind, müssen Sie auf eigene Kosten eine Police abschließen. Wichtig dabei: Weil die Versicherung nicht wissen kann, ob die Bedingungen für die kostenlose Mitversicherung eines Kindes noch erfüllt sind, kann sie keine Hinweise verschicken, wenn die Mitversicherung endet. Daher müssen Sie und Ihre Eltern sich selbst darum kümmern, dass sich der neue Versicherungsschutz nahtlos an das Ende der Mitversicherung anschließt.

Dabei gilt: Die Familien-Haftpflichtversicherung schließt nicht nur minderjährige, sondern unter bestimmten Voraussetzungen auch volljährige Kinder mit ein, und zwar, solange eine der folgenden Bedingungen erfüllt ist:

- das Kind befindet sich nach dem Schulabschluss in der ersten Ausbildung oder im ersten Studium,
- das Kind befindet sich nach dem Schulabschluss in einer maximal einjährigen Übergangsphase bis zur Aufnahme einer Ausbildung oder eines Studiums,
- das Kind beginnt direkt nach dem Bachelor-Abschluss mit einem Master-Studium, oder
- das Kind nimmt direkt nach dem Abschluss einer Ausbildung ein Studium auf, ohne dazwischen erwerbstätig gewesen zu sein.

Was sollte die Haftpflichtversicherung leisten?

Eine Privathaftpflichtversicherung ist nicht teuer: Schon ab rund 40 Euro im Jahr erhalten Singles eine Police mit guten bis sehr guten Bedingungen. Bei vielen Versicherungsunternehmen können Sie zwischen günstigen Basistarifen und etwas teureren Komfort- oder Premiumtarifen wählen. Weil vielen Basistarife Lücken im Versicherungsschutz aufweisen, ist es im Regelfall empfehlenswerter, für wenige Euro Aufpreis einen Tarif zu wählen, der noch ein paar wichtige Extraleistungen enthält. Dabei sollten Sie auf die nachfolgenden Klauseln achten:

- **Deckungssumme.** Eine Versicherung zahlt im Schadensfall nur bis zur Höhe der vereinbarten Deckungssumme. Um auf der sicheren Seite zu sein, sollte die Deckungssumme Ihrer Police mindestens 10 Millionen Euro für Personen- und Sachschäden betragen. Sehr gute Tarife bieten Deckungssummen von 30 Millionen Euro oder sogar noch mehr.
- **Geliehene oder gemietete Sachen.** Nicht jeder Tarif umfasst Schäden an gemieteten Ferienwohnungen oder Fahrrädern. Achten Sie darauf, dass die Versicherung auch hier einspringt.
- **Gefälligkeitsleistungen.** Nur wenige wissen, dass keine Haftungsansprüche bestehen, wenn Sie bei einer Gefälligkeitsleistung einen Schaden verursachen. Beispiel: Sie helfen einer Freundin beim Umzug, und der teure Flachbildschirm fällt Ihnen herunter. Weil es sich um eine Gefälligkeit handelt, hätte die Freundin keinen Anspruch auf Schadenersatz. Gute Haftpflichtversicherungen ersetzen auch solche Schäden.
- **Forderungsausfall.** Diese Klausel bezieht sich nicht auf Ihre persönliche Haftpflicht, sondern auf den Fall, dass Sie gegenüber einem Dritten einen Haftpflichtanspruch haben, dieser jedoch nicht versichert und zahlungsunfähig ist. Wenn Ihre Haftpflichtversicherung eine Forderungsausfall-Klausel enthält, werden Sie in diesem Fall von der eigenen Versicherung entschädigt.
- **Schlüsselverlust.** Wenn Sie Schlüssel verlieren, die man Ihnen anvertraut hat, kann der Schaden hoch sein, wenn es sich beispielsweise um Generalschlüssel für Schließanlagen handelt. Für dieses Extra sollte die Deckungssumme mindestens 20000 Euro betragen.
- **Internetnutzung.** Abgedeckt sind Schäden, die Sie bei Dritten durch Internetnutzung oder Datenaustausch verursachen – etwa durch die unbemerkte Weitergabe eines Computervirus auf einem USB-Stick.
- **Drohnen.** Wenn Sie eine ferngesteuerte Drohne besitzen, sollte die Haftpflichtversicherung auch Schäden durch nicht gewerblich genutzte Drohnen abdecken.

→ Selbstbehalt: Rechnen Sie kritisch!

Manche Versicherer bieten ihren Kundinnen und Kunden bei der Privathaftpflichtversicherung günstigere Prämien, wenn diese einen Selbstbehalt vereinbaren. Diesen Betrag – meist 150 bis 250 Euro – müssen Versicherungsnehmer im Schadensfall immer selbst tragen. Allerdings: Wenn Sie bei 250 Euro Selbstbehalt pro Jahr 10 Euro weniger zahlen, lohnt sich das erst nach 25 schadenfreien Jahren. Prüfen Sie daher kritisch, nach welcher Zeit sich der Selbstbehalt amortisiert.

Wofür Sie eine Extra-Haftpflichtversicherung brauchen

Die private Haftpflichtversicherung deckt viele Lebensbereiche ab und gilt weltweit. Dennoch gibt es Konstellationen, die eine zusätzliche Haftpflicht-Police erfordern:

- **Motorisierte Fahrzeuge.** Für Autos, Anhänger, Nutzfahrzeuge und motorisierte Zweiräder benötigen Sie eine Kfz-Haftpflichtversicherung. Wie diese funktioniert und worauf Sie bei der Auswahl achten sollten, erfahren Sie ab S. 102. Bei E-Bikes gilt: Wenn die Motorunterstützung nur bis 25 km/h reicht, ist das E-Bike in der privaten Haftpflichtpolice mitversichert. Schnellere E-Bikes benötigen ein Kennzeichen und eine eigene Haftpflichtversicherung.
- **Hunde und Pferde.** Wenn Sie einen Hund oder ein Pferd besitzen, brauchen Sie eine Tierhalter-Haftpflichtversicherung. Katzen, Kaninchen, Vögel und andere Kleintiere benötigen keine eigene Versicherung. Sie sind in der Privathaftpflichtversicherung eingeschlossen.
- **Sport und Hobby.** Falls Sie ein Modellflugzeug, ein Surfbrett oder ein kleines Boot besitzen, sollten Sie prüfen, ob dieses über Ihre private Haftpflichtversicherung mitversichert ist. Ansonsten sollten Sie eine eigenständige Haftpflichtversicherung abschließen oder mit der privaten Haftpflichtversicherung zu einem Anbieter wechseln, der diese Abdeckung bietet.

HÄTTEN SIE'S GEWUSST?

Vier W-Fragen für die Schadensmeldung

Die Schadensmeldung braucht kein literarisches Meisterwerk zu sein, aber sie muss dem Versicherer die Sachlage eindeutig beschreiben. Wichtig ist, dass die Meldung die vier wichtigsten W-Fragen beantwortet:

Wann hat sich der Vorfall ereignet?

Wo ist es passiert?

Wie war der Hergang?

Welcher Schaden ist entstanden?

- **Immobilien.** Immobilieneigentümer benötigen bei größeren Bauvorhaben eine Bauherren-Haftpflichtversicherung und – wenn das Haus über einen Öltank verfügt – eine Öltank-Haftpflichtversicherung. Kleine Öltanks sind allerdings in vielen Privathaftpflichtversicherungen enthalten – schauen Sie in Ihren Vertrag oder rufen Sie bei Unklarheit Ihren Versicherer an.
- **Selbstständigkeit.** Die private Haftpflichtversicherung gilt nur im privaten, nicht aber im geschäftlichen Umfeld. Daher sollten Selbstständige eine Berufs- oder Betriebshaftpflichtversicherung abschließen. Angestellte sind über ihren Betrieb vor beruflich bedingten Haftungsansprüchen geschützt.

Was tun im Schadensfall?

Ist Ihnen ein Missgeschick passiert, sollten Sie richtig reagieren, um gegenüber Ihrer privaten Haftpflichtversicherung keine Nachteile zu riskieren. Dabei gelten drei einfache Grundregeln: den Schaden dokumentieren, die Versicherung rasch informieren und keine eigenen Zahlungen leisten.

Zuerst sollten Sie Datum und Hergang des Schadensfalles in Stichworten schriftlich festhalten, um bei der Schadensmeldung und eventuellen Rückfragen des Versicherers eine Gedankenstütze zu haben. Hilfreich ist es auch, den Schaden mit Fotos zu dokumentieren.

Bei der Meldung des Schadens an die Versicherung sollten Sie nicht trödeln, da die Versicherer in ihren Geschäftsbedingungen meist eine „unverzügliche“ Schadensmeldung verlangen.

Die Versicherung sollte spätestens eine Woche nach dem Schaden informiert sein.

Bei der Interpretation dieses Begriffs hat es sich eingebürgert, dass die Versicherung spätestens nach einer Woche informiert sein sollte. Melden können Sie einen Schaden meist wahlweise per Brief, E-Mail, Telefon oder Onlineformular.

Wenn Geschädigte Ihnen gegenüber finanzielle Forderungen stellen, sollten Sie keine Zahlung leisten, sondern sie darauf hinweisen, dass der Schaden gegebenenfalls von Ihrer Haftpflichtversicherung reguliert wird. Ansonsten würden Sie riskieren, dass Ihnen die Versicherung im Nachhinein keinen Ausgleich leistet, wenn sie die Forderung von Geschädigten für zu hoch oder nicht rechtens hält.

▶ Wir testen Private Haftpflichtversicherungen regelmäßig. Den aktuellen Test finden Sie unter test.de/privathaftpflicht. Für Flatratekunden ist der Abruf kostenlos.

Schutz vor Berufsunfähigkeit

Es ist sinnvoll, schon jetzt eine Versicherung für den Fall abzuschließen, dass Sie Ihren Beruf aus gesundheitlichen Gründen nicht mehr ausüben können.

Beim Start in den ersten Job ist nicht nur der Ruhestand noch weit entfernt. Auch der Gedanke daran, dass viele Berufstätige dauerhaft krank werden, ist noch eher fremd. Dennoch sollten Sie sich am besten mit der privaten Absicherung gegen Berufsunfähigkeit befassen, solange Sie noch jung und bei bester Gesundheit sind. Wer keine Vorerkrankungen hat und erst um die 25 Jahre alt ist, kommt viel leichter und zu günstigeren Kosten an eine Berufsunfähigkeitsversicherung als ein Arbeitnehmer Ende vierzig, der vielleicht bereits an Bluthochdruck leidet oder einen Bandscheibenvorfall hatte.

Warum ist die private Absicherung gegen Berufsunfähigkeit so wichtig? Der Grund dafür ist, dass die Leistungen aus der gesetzlichen Rentenversicherung nicht ausreichen, wenn Sie invalide werden sollten. So erhalten gesetzlich Rentenversicherte zum einen nur vergleichsweise geringe Leistungen, wenn sie aus gesundheitlichen Gründen nicht mehr arbeiten können, zum anderen bekommen sie diese auch nur, wenn sie erwerbsunfähig werden – und das ist nicht mit „berufsunfähig" gleichzusetzen. Die Unterschiede:

- **Berufsunfähig ist,** wer in seinem derzeitigen Beruf aus gesundheitlichen Gründen nicht mehr arbeiten kann. So ist etwa eine Bäckerin mit Mehlstauballergie berufsunfähig, auch wenn sie ohne Probleme in einem Büro oder an der Supermarktkasse arbeiten könnte.
- **Voll erwerbsgemindert ist** laut Definition der Deutschen Rentenversicherung, wer pro Tag weniger als drei Stunden arbeiten kann. Dieses Kriterium würde die im obigen Beispiel genannte Bäckerin nicht erfüllen, denn Arbeiten bedeutet hier: in irgendeinem Beruf.

Besonders wenn Sie einen spezialisierten oder hoch qualifizierten Beruf haben, kann das im Ernstfall zu einem großen Problem werden. So bekommt etwa eine gut verdienende Toningenieurin, die wegen eines Gehörschadens in einen schlechter bezahlten Verwaltungsjob wechseln muss, von der gesetzlichen Rentenversicherung keinen Ausgleich für die Einkommensminderung – sie ist ja nur berufs- und nicht erwerbsunfähig.

Diese Lücke können Sie mit einer privaten Berufsunfähigkeitsversicherung schließen. Allerdings handelt es sich hier um eine

30
SEKUNDEN
FAKTEN

25 %
beträgt die Wahrscheinlichkeit, dass Berufstätige vor Erreichen des Rentenalters berufsunfähig werden.

3 VON 10
berufsunfähigen Menschen leiden an einer psychischen Erkrankung.

44 JAHRE
beträgt das Durchschnittsalter von Versicherten bei der Beantragung einer Berufsunfähigkeitsrente.

Quelle: GDV

Versicherungspolice mit komplexen Bedingungen und einer vergleichsweise hohen Prämie – jährliche Beiträge von 800 Euro oder noch mehr sind je nach Anbieter, Tarif, vereinbarter Berufsunfähigkeitsrente und Vertragslaufzeit keine Seltenheit. Daher sollten Sie bei der Auswahl besonders sorgfältig vorgehen und sich im Zweifelsfall von neutralen Fachleuten, etwa bei einer Verbraucherzentrale, beraten lassen.

Was die Kosten beeinflusst

Die private Berufsunfähigkeitsversicherung ist keine standardisierte Police wie etwa die private Haftpflichtversicherung, sondern eher ein individuell anpassbares Paket. Folglich können die Versicherungskosten stark variieren, und das augenscheinlich billigste Angebot ist bei näherer Betrachtung nicht immer am besten geeignet. Die Einflussfaktoren auf den Preis lassen sich in zwei Gruppen einteilen: die Leistungsmerkmale der Versicherer (siehe Checkliste, „Worauf Sie beim Vergleich achten sollten“, S. 100) auf der einen sowie die Ansprüche und persönlichen Merkmale der Versicherten auf der anderen Seite.

Großen Einfluss auf die jährlichen Versicherungskosten haben vor allem die folgenden persönlichen Merkmale:

- **Eintrittsalter.** Je jünger Versicherte beim Abschluss sind, umso günstiger wird die jährliche Prämie. Daher ist es sinnvoll, den Schutz vor Berufsunfähigkeit möglichst früh festzuzurren.

- **Endalter.** Wenn die Versicherung nicht bis zur voraussichtlichen regulären Altersgrenze von 67 Jahren laufen soll, kostet der Schutz weniger Geld – immerhin muss die Versicherung im Leistungsfall dann nicht so lange zahlen. Allerdings entsteht dann eine Lücke in der Absicherung, wenn beispielsweise das Endalter mit 60 Jahren erreicht ist und im Ernstfall in den verbleibenden Jahren bis zum Beginn der Altersrente keine Zahlungen erfolgen.
- **Rentenhöhe.** Mit dem Versicherungsunternehmen vereinbaren Sie für den Fall der Berufsunfähigkeit die Zahlung einer monatlichen Rente. Je höher diese ist, umso teurer wird die Versicherung. Zumindest sollte sie jedoch so bemessen sein, dass damit auf bescheidenem Niveau die Lebenshaltungskosten abgedeckt sind.
- **Berufsgruppe.** Versicherer kalkulieren je nach Berufsrisiko unterschiedliche Prämien. So sind Berufsunfähigkeitsversicherungen für kaufmännische Angestellte günstiger als für Angehörige von Berufen mit hoher körperlicher oder psychischer Belastung wie Bauhandwerker oder Pflegefachkräfte.
- **Gesundheitsrisiken.** Wer riskante Sportarten betreibt wie Klettern, Eishockey oder Kytesurfen oder bereits gesundheitliche Beeinträchtigungen hat, muss unter Umständen einen Risikozuschlag zahlen.

Die Gesundheitsfragen

Bei der Berufsunfähigkeitsversicherung geht es im Leistungsfall um hohe Summen: Wenn die Versicherung 15 Jahre lang eine Monatsrente von 2000 Euro zahlt, steht am Ende ein Gesamtbetrag von 360000 Euro zu Buche. Aus diesem Grund prüfen die Unternehmen akribisch, ob jemand schon gesundheitliche Beeinträchtigungen hat, die das Risiko einer Berufsunfähigkeit erhöhen.

Wenn Sie einen Versicherungsantrag stellen, müssen Sie eine lange Liste an Gesundheitsfragen beantworten. Unter anderem fragen die Versicherer nach Vorerkrankungen, Allergien und Operationen. Vor allem Herz-Kreislauf-Erkrankungen, Rückenleiden, psychische Erkrankungen, Allergien und Krebs stehen dabei im Fokus – schließlich sind diese Leiden für einen Großteil der Leistungsfälle verantwortlich.

Stellt der Versicherer anhand der Antworten ein erhöhtes Gesundheitsrisiko fest, kann er entweder einen Risikozuschlag verlangen, einzelne Erkrankungen als Ursache für den Leistungsfall ausschließen oder den Versicherungsantrag komplett ablehnen. Allerdings gehen die Versicherungen hierbei nicht einheitlich vor. Was für ein Unternehmen noch akzeptabel ist, kann für ein anderes schon zum Ausschluss führen.

Die Gesundheitsfragen sollten Sie sehr ernst nehmen und die Liste wahrheitsgemäß ausfüllen. Wenn Sie sich bei einzelnen Fragen nicht ganz sicher sind, können Sie dabei Ihren Hausarzt oder Ihre Hausärztin

Checkliste

Worauf Sie beim Vergleich achten sollten

Beim Vergleich von Berufsunfähigkeitsversicherungen sollten Sie vor allem auf folgende Klauseln achten:

- ☐ **Verzicht auf abstrakte Verweisung.** Mit dieser Klausel garantiert Ihnen der Versicherer, dass Sie eine Berufsunfähigkeitsrente erhalten, wenn Sie Ihren derzeit aktuellen Beruf nicht mehr ausüben können. Er darf nicht von Ihnen verlangen, dass Sie auf einen anderen, und womöglich schlechter bezahlten, Beruf umsatteln.
- ☐ **Nachversicherungsgarantie.** Der Schutz kann später ohne erneute Gesundheits- oder Risikoprüfung bei bestimmten Anlässen erhöht werden, beispielsweise bei Heirat, Geburt eines Kindes, Einkommenserhöhung, Aufnahme einer selbstständigen hauptberuflichen Tätigkeit und beim Kauf eines Eigenheims. Die Nachversicherungsgarantie ist vor allem für junge Versicherte wichtig, die häufig zunächst mit einer eher niedrigen Rentenhöhe starten wollen.
- ☐ **Sechs-Monats-Prognose.** Der Versicherer erkennt die Berufsunfähigkeit an, wenn der Arzt sie für voraussichtlich sechs Monate prognostiziert.
- ☐ **Rückwirkende Zahlung.** Die Versicherung zahlt rückwirkend, wenn die Berufsunfähigkeit verspätet gemeldet wird oder die Diagnose sich über mehrere Monate hinzieht.
- ☐ **Dynamik im Leistungsfall.** Die Rente erhöht sich jährlich um einen bestimmten Prozentsatz, damit der Kaufkraftverlust durch Inflation ausgeglichen wird.
- ☐ **Stundung.** Wenn Versicherte in einen finanziellen Engpass geraten, stundet die Versicherung die fälligen Raten für den Vertrag um bis zu zwölf Monate.
- ☐ **Unterbrechung der Berufstätigkeit.** Wenn Versicherte zum Beispiel wegen Elternzeit im Beruf pausieren, zählt für die Anerkennung einer Berufsunfähigkeit die zuletzt ausgeübte Tätigkeit.

zu Rate ziehen. Auf gar keinen Fall sollten Sie Vorerkrankungen verschweigen – denn wer bei den Gesundheitsfragen schummelt, riskiert im Ernstfall die Leistungsverweigerung. In besonders schweren Fällen darf die Versicherung den Vertrag sogar wegen Täuschung für nichtig erklären.

Wenn Vorerkrankungen vorliegen, ist es empfehlenswert, mit einer Anfrage zunächst zu klären, ob die Versicherung einen Antrag akzeptieren würde. Um zu vermeiden, dass die Anfrage Ihrer Person zugeordnet wird, sollten Sie dann über einen Makler eine anonyme Risikovoranfrage stellen.

Fünf Schritte zum Vertrag

Angesichts der hohen Kosten und der langen Laufzeit sollten Sie bei der Auswahl einer Berufsunfähigkeitsversicherung besondere Sorgfalt walten lassen. Am besten gehen Sie Schritt für Schritt vor:

1. **Rahmenbedingungen klären.** Zuerst sollten Sie überlegen, bis zu welchem Alter die Berufsunfähigkeitsversicherung laufen und wie hoch im Leistungsfall die monatliche Rente sein soll. Dann sollten Sie klären, welche Vorerkrankungen oder Allergien bestehen. Zusammen mit Ihrem Alter, Ihrem Beruf sowie Angaben zu Hobbys und Rauchgewohnheiten benötigen Sie diese Daten zum Einholen der Angebote.
2. **Anbieter auswählen.** Suchen Sie unter test.de/berufsunfaehigkeit in den regelmäßig aktualisierten Vergleichen der Stiftung Warentest drei bis fünf Versicherungen aus, die „sehr gut" abschneiden und im Vergleich zu anderen sehr guten Angeboten eine günstigere Prämie bieten.
3. **Anfragen stellen.** Lassen Sie sich von den Versicherern nun ein Angebot erstellen. Falls Vorerkrankungen vorliegen, sollten Sie eine anonyme Voranfrage über einen Versicherungsberater oder eine -maklerin veranlassen.
4. **Angebote prüfen.** Wenn die Angebote eintreffen, prüfen Sie, ob Laufzeit und Rentenhöhe mit Ihren Wünschen übereinstimmen. Kontrollieren Sie auch, ob Ihnen der Versicherer wirklich den Tarif anbietet, den die Stiftung Warentest getestet hat. Denn: Manchmal wechseln Versicherer im Neukundengeschäft die Tarife und bieten möglicherweise ungünstigere Konditionen.
5. **Antrag ausfüllen.** Haben Sie sich für einen Vertrag entschieden, können Sie den Antrag ausfüllen. Denken Sie daran, alle Formulare, darunter auch die Gesundheitsfragen, wahrheitsgemäß und vollständig ausfüllen. Fragen Sie zur Sicherheit bei Ihren Ärzten oder der Krankenkasse nach. Sonst können Sie später, wenn Sie ihn benötigen, Ihren Versicherungsschutz verlieren. Brauchen Sie mehr Platz für Ihre Angaben, nutzen Sie dafür ein Extrablatt. Und: Machen Sie sich eine Kopie der Anträge.

Kfz-Versicherungen

Wenn Sie ein Auto kaufen, brauchen Sie eine Kfz-Haftpflichtversicherung. Weitere Versicherungen können sinnvoll sein.

Für junge Leute, die erstmals eigenes Geld verdienen, ist das eigene Auto oft die erste größere Investition. Neben den Kosten für den Kauf und den laufenden Aufwendungen für Sprit, Kfz-Steuer und Wartung kommt noch ein weiterer Ausgabenposten hinzu: die Kosten für die Kfz-Versicherung. Die Versicherungskosten fürs Auto gliedern sich je nach Vertrag in verschiedene Einzelversicherungen:

- die Kfz-Haftpflichtversicherung,
- die Vollkaskoversicherung,
- die Teilkaskoversicherung,
- den Kfz-Schutzbrief.

Welche dieser Versicherungen brauchen Sie für Ihren fahrbaren Untersatz? Zuallererst benötigen Sie auf jeden Fall eine Kfz-Haftpflichtversicherung, denn ohne die dürfen Sie gar nicht am Straßenverkehr teilnehmen. Freiwillig ist dagegen der Abschluss weiterer Bestandteile des Kfz-Versicherungspaketes. So müssen Sie bei einem Unfall den Schaden am eigenen Auto eben aus eigener Tasche zahlen, wenn Sie keinen Kaskoschutz haben. Ob die zusätzlichen Versicherungen für Sie sinnvoll sind, hängt sowohl vom Wert des Fahrzeugs als auch davon, wie viel Sie es nutzen.

Haftpflicht, Kasko & Co.: Was brauche ich wann?

Je umfassender Ihr Auto versichert ist, umso mehr Geld müssen Sie jährlich für den Schutz bezahlen. Auf der anderen Seite können Lücken in der Absicherung nach einem Unfall zu herben finanziellen Verlusten führen. Daher sollten Sie wissen, was die einzelnen Bausteine in der Kfz-Versicherung leisten und wann sie sinnvoll sind.

- **Haftpflichtversicherung.** Am eindeutigsten ist der Fall bei der Kfz-Haftpflichtversicherung, denn die brauchen Sie für jedes motorisierte Fahrzeug. Sie springt dann ein, wenn Sie einen Unfall verursachen und Dritte dadurch zu Schaden kommen. In diesem Fall übernimmt die Haftpflichtversicherung sowohl den Sachschaden des Unfallgegners als auch Behandlungskosten und Schmerzensgeld, wenn jemand bei einem von Ihnen verursachten Unfall verletzt worden ist.
- **Vollkaskoversicherung.** Der Abschluss einer Vollkaskoversicherung ist hingegen nicht vorgeschrieben. Dieser Baustein kann je nach Wert des Autos und weiteren Einflussfaktoren die Kosten der Kfz-Haftpflichtversicherung

übersteigen. Versichert sind Schäden am eigenen Fahrzeug, wenn der Fahrer oder die Fahrerin den Unfall selbst verschuldet hat – denn für die kommt die Haftpflichtversicherung nicht auf. Ob diese Versicherung sinnvoll ist, hängt in erster Linie vom Wert des Autos und der Art der Finanzierung ab. Je teurer das Auto, umso eher ist eine Vollkaskoversicherung anzuraten, um im Fall eines Totalschadens einen herben finanziellen Verlust zu vermeiden. Wichtig ist diese Police auch bei der Kreditfinanzierung des Autos, damit Sie bei einem Unfall mit Totalschaden die Restschuld mit der Versicherungsleistung ablösen können.

- **Teilkaskoversicherung**. Auch die Teilkaskoversicherung übernimmt Schäden am eigenen Auto – allerdings in einem begrenzteren Umfang als die Vollkaskoversicherung. Abgedeckt sind Schäden durch Brand, Explosion, Diebstahl, Unwetter sowie Schäden durch Unfälle mit Haarwild und Glasbruchschäden. Der Teilkaskoschutz ist in der Regel weitaus günstiger als eine Vollkaskoversicherung und empfiehlt sich für ältere Autos. Ausnahme: Sie haben schon eine hohe Schadenfreiheitsklasse (siehe unten), denn einen Schadenfreiheitsrabatt gibt es in der Teilkasko nicht. Wenn Sie eine Vollkaskoversicherung abgeschlossen haben, ist die Teilkaskoversicherung automatisch mit enthalten.
- **Schutzbrief.** Wer im In- oder Ausland unterwegs ist und eine Panne hat, braucht meist schnelle Hilfe. Mit einem Schutzbrief lassen sich Abschleppdienst, Reparatur, Unterkunft, Weiterfahrt und gegebenenfalls der Rücktransport des defekten Fahrzeugs organisieren. Neben dem ADAC als größtem Schutzbriefanbieter Deutschlands gibt es auch Schutzbriefe von Versicherungen, die in Kombination mit einer Kfz-Versicherung meist weitaus günstiger sind. Ein Schutzbrief ist kein Muss, kann aber im Fall einer Panne für eine schnelle Entspannung der Lage sorgen.

Der Schadenfreiheitsrabatt

Die Schadenfreiheitsklasse (SF-Klasse) hat großen Einfluss auf die Kosten der Kfz-Versicherung. Je länger Sie unfallfrei unterwegs sind, umso günstiger wird für Sie die Versicherung. Dieses Stufensystem gilt für die Haftpflicht- und die Vollkaskoversicherung. Die Kosten für die Teilkaskoversicherung und den Schutzbrief bleiben hingegen unabhängig von der Zahl schadenfreier Jahre immer gleich.

Dabei gilt: Für jedes Jahr, das Sie ohne Schaden fahren, steigen Sie eine SF-Klasse höher. Folglich sind Sie nach zehn schadenfreien Jahren in der Schadenfreiheitsklasse 10 angelangt. Anhand der erreichten SF-Klasse errechnet die Versicherung, welchen Nachlass Sie auf den regulären Versicherungsbeitrag erhalten. Je höher die Schaden-

Wo finde ich Infos zu meinem Schadenfreiheitsrabatt?

In der jährlichen Beitragsabrechnung informiert Sie Ihre Versicherung über die Anzahl Ihrer schadenfreien Jahre (SF-Klasse) und den daraus resultierenden Beitragssatz (Schadenfreiheitsrabatt). Im Rahmen der allgemeinen Informationen veröffentlichen viele Versicherer ihre Schadenfreiheitsrabatte auf ihren Internetseiten. So können Sie ermitteln, wie hoch Ihr Beitragssatz wäre, wenn Sie zu einem anderen Versicherer wechseln würden.

freiheitsklasse, umso höher ist der damit verbundene Schadenfreiheitsrabatt.

Wenn Sie gleich nach dem Erwerb des Führerscheins ein eigenes Auto kaufen, fangen Sie in der teuren SF-Klasse 0 an. Etwas günstiger wird es, wenn Sie in den ersten Jahren ein anderes Auto – etwa das der Eltern – mitnutzen und erst mehr als drei Jahre nach der erfolgreichen Führerscheinprüfung zum eigenen Auto wechseln. Für diese Gruppe gilt die günstigere Schadenfreiheitsklasse ½. Richtig teuer wird es für Fahranfänger, die einen Unfall verursachen und den Schaden von der Versicherung regulieren lassen. Dann nämlich erfolgt eine Rückstufung in die sogenannte Malusklasse M, die noch mehr kostet als SF 0.

Bei der späteren Zuordnung der SF-Klassen zu einzelnen Rabattstufen gehen die Kfz-Versicherer nicht mehr einheitlich vor. So kann es vorkommen, dass Sie bei der einen Versicherung schon im folgenden Jahr in die günstigere Rabattstufe rutschen, während Sie bei einem anderen Versicherer noch zwei oder drei Jahre auf die nächste Prämienreduzierung warten müssten.

Wenn Sie einen Unfall verursachen und die Versicherung den Schaden begleicht, stuft sie Ihre SF-Klasse zurück. Damit steigt automatisch der jährliche Beitrag, den Sie zu bezahlen haben. Oft verlieren Sie schon mit einer Schadensmeldung mehrere Jahre in Ihrer SF-Klasse. Deshalb kann es bei manchen Schäden sinnvoll sein, sie aus eigener Tasche zu bezahlen. Was bei einem Schaden für Sie besser ist, können Sie leicht ermitteln, indem Sie unseren Rückstufungsrechner unter test.de/rueckstufung nutzen.

Den günstigsten Anbieter finden

Um den günstigsten Versicherer für Ihr Auto zu finden, müssen Sie immer eine individuelle Angebotsrechnung erstellen lassen. Bei den einzelnen Versicherern fließen nämlich viele unterschiedliche Einflussfaktoren in die Prämienberechnung mit ein. Damit ist es nicht ungewöhnlich, dass ein Anbieter, der den VW Polo der 22-jährigen

Miriam in Stuttgart am günstigsten versichert, für den 25-jährigen Daniel mit seinem Renault Kangoo in Hamburg zu den eher teureren Versicherern zählt.

Sie sollten überlegen, welche persönlichen Daten und Wünsche in der Versicherung berücksichtigt werden sollen. Dazu zählen vor allem

- die Frage, ob Sie neben der Kfz-Haftpflichtversicherung noch eine Teil- oder Vollkaskoversicherung möchten,
- Ihre voraussichtliche jährliche Kilometerleistung,
- Ihre aktuelle Schadenfreiheitsklasse,
- die Frage, ob das Auto auch von anderen Personen wie dem Freund oder der Freundin genutzt werden soll.

Vergleichsrechner für Kfz-Versicherungen finden Sie auf vielen Onlineportalen. Allerdings erhalten diese von den Versicherungen eine Provision, wenn Kunden über sie einen Vertrag abschließen – und folglich finden sich oben auf der Liste nicht immer die günstigsten Anbieter, sondern zuweilen diejenigen, die bei Vertragsabschluss die höchste Provision zahlen. Außerdem fehlen auf vielen provisionsfinanzierten Onlineportalen die Versicherer, die keine Provision entrichten wollen.

→ Unabhängiger Onlinevergleich

Unter test.de/kfz-versicherung finden Sie den unabhängigen Tarifrechner der Stiftung Warentest. Da die Finanzierung über ein Entgelt der Nutzer erfolgt und nicht über Provisionen, ist hier ein wirklich objektiver Vergleich möglich – und es werden auch Anbieter gelistet, die keine Vermittlungsprovisionen bezahlen. Der Vergleich kostet 7,50 Euro. Für Flatratekunden von test.de ist er inklusive.

Der Tarifvergleich lohnt sich auch dann, wenn Sie bereits eine Kfz-Versicherung besitzen. Die Versicherungsgesellschaften legen ihre Tarife Jahr für Jahr neu fest, sodass sich innerhalb weniger Jahre das Preis-Leistungs-Verhältnis deutlich ändern kann – je nachdem, wie sich die Unfallstatistik bei einzelnen Fahrzeugmodellen und Regionen entwickelt hat.

Weil Sie Ihre Kfz-Versicherung im Regelfall immer mit einem Monat Frist zum Jahresende kündigen können, sollten Sie jedes Jahr Anfang bis Mitte November prüfen, ob Ihr aktueller Versicherer noch zu den günstigsten Anbietern zählt oder ob sich nicht durch einen Wechsel einiges sparen lässt.

Versicherungen für die Reise

Es zieht Sie in fremde Länder? Dann sollten Sie gut geschützt sein mit einer Auslandsreise-Krankenversicherung.

Die Versicherungsbranche hat rund ums Reisen eine ganze Palette an Versicherungsprodukten aufgebaut. Manche sind höchst sinnvoll, andere wiederum eher fragwürdig. Klar ist jedoch: Wer ins Ausland fährt, sollte eine Auslandsreise-Krankenversicherung abgeschlossen haben. Eine Reiserücktrittsversicherung kann sinnvoll sein, ist es aber nicht immer.

Unverzichtbar: Die Auslandsreise-Krankenversicherung

Ob Trekking-Tour durch Skandinavien oder Strandurlaub auf Sizilien: Wenn Sie im Ausland unterwegs sind, sollte im Gepäck die Auslandsreise-Krankenversicherung nicht fehlen. Zwar scheint auf den ersten Blick bei Reisen in die EU-Staaten der Versicherungsschutz der Krankenkasse ausreichend, weil sich Mitglieder der gesetzlichen Krankenversicherung in den EU-Staaten die Behandlungskosten von der Kasse erstatten lassen können. Doch das funktioniert nur, wenn der Arzt oder die Ärztin nach Kassentarif abrechnet – was aber nicht immer der Fall ist.

Unter Umständen bleiben Sie also sogar im EU-Ausland auf einem Teil der Kosten sitzen, wenn die Arztpraxis im Ausland nach Privattarif abrechnet und die Krankenkasse die Rechnung nicht vollständig übernimmt. Darüber hinaus werden die Kosten für einen Rücktransport aus dem Ausland von den gesetzlichen Krankenkassen nicht übernommen – und die können je nach Entfernung und Transportmittel mehrere Tausend Euro ausmachen. Ganz ohne Schutz stehen Sie in Ländern außerhalb der EU da, mit denen es kein Sozialabkommen gibt. Dann müssen Sie alle Kosten selber tragen.

„Wenn Sie länger unterwegs sind, brauchen Sie eine Langzeit-Reiseversicherung.

Die Auslandsreise-Krankenversicherung ist also wichtig und gleichzeitig nicht teuer. Junge Erwachsene können sich im Einzelpersonentarif schon ab rund 10 Euro pro Jahr versichern. Abgedeckt sind weltweit die Aufwendungen für ambulante und stationäre Behandlungen sowie die Kosten für einen Rücktransport nach Deutschland.

Die Verträge werden für Einzelreisen oder als Jahresvertrag angeboten. Je nach Anbieter läuft ein Jahresvertrag entweder bis zum Ende des Kalenderjahres oder zwölf

Bewahren Sie sämtliche Originalbelege auf, wenn Sie im Ausland ärztlich behandelt werden, und schicken Sie sie an die Versicherung. Denn nur wenn Sie die Originale einreichen, ist die Versicherung zur Leistung verpflichtet. Bei kopierten Belegen darf die Gesellschaft hingegen die Übernahme der Kosten verweigern.

Monate lang ab Unterzeichnung des Vertrags. Oft verlängert sich der Vertrag automatisch um ein Jahr, wenn Sie nicht innerhalb der vereinbarten Frist kündigen.

Wichtig zu wissen: Die günstigen Jahresversicherungen gelten nur für Reisen im Rahmen des üblichen Urlaubs. Je nach Anbieter ist die Dauer pro Reise auf sechs bis acht Wochen begrenzt. Wenn Sie länger im Ausland unterwegs sind, brauchen Sie eine Langzeit-Reiseversicherung. Die Versicherung wird für jede Reise separat abgeschlossen, wobei sich die Kosten nach der Reisedauer richten. Ein weiterer Unterschied zur Jahresversicherung für kurze Reisen: Soll die Versicherung auch bei einem Aufenthalt in den USA oder Kanada gelten, steigen die Kosten deutlich – im Vergleich zur Versicherung, die weltweit außer in Nordamerika gilt, kann die Prämie das Dreifache betragen. Grund: In Nordamerika sind Behandlungskosten sehr hoch.

▶ **Aktuelle Tarifvergleiche der Stiftung Warentest finden Sie gegen ein geringes Entgelt unter test.de/reisekrankenversicherung.**

Bei der Mietwagenbuchung ratsam: die Mallorca-Police

Auch wenn Sie niemals nach Mallorca reisen wollten: Die Mallorca-Police ist eine sinnvolle Versicherung für alle, die im Ausland mit einem gemieteten Auto unterwegs sind. Es handelt sich hierbei um eine Haftpflichtversicherung, die einspringt, wenn Sie mit einem Mietwagen einen Unfall verursachen und die Deckungssumme der Versicherung des Mietwagens nicht ausreicht, um alle Schäden zu begleichen. Hintergrund ist, dass Autovermietungen ihre Fahrzeuge zuweilen nur nach den gesetzlichen Mindeststandards versichern – und die reichen nicht in allen Ländern aus, um Fahrer bei Unfällen mit hohen Schadenssummen hundertprozentig abzusichern. Üblicherweise gelten die Versicherungen in ganz Europa.

Die Mallorca-Police wird im Regelfall nicht als eigenständige Versicherung angeboten, sondern in zwei möglichen Kombinationen: zusammen mit der Kfz-Versicherung oder aber als Teil der Privathaftpflichtversicherung.

- **Kfz-Versicherung.** Viele Kfz-Versicherungen enthalten eine Mallorca-Police und schützen die Fahrzeughalterinnen und -halter somit auch bei der Mietwagenbuchung im europäischen Ausland. Ob in Ihrem Tarif eine Mallorca-Police eingeschlossen ist, können Sie in den Versicherungsbedingungen Ihrer Kfz-Versicherung nachlesen.
- **Private Haftpflichtversicherung.** In einigen Komfort-Tarifen in der privaten Haftpflichtversicherung ist ebenfalls die Mallorca-Police enthalten. Diese Option ist für diejenigen sinnvoll, die kein eigenes Auto besitzen und im Bedarfsfall dennoch abgesichert sein möchten.

Falls weder Ihre Kfz-Versicherung noch die private Haftpflichtversicherung eine solche Mallorca-Klausel enthält, sollten Sie bei der Buchung von Mietwagen auf einen umfassenden Versicherungsschutz des Fahrzeugs achten. Vor allem die größeren Anbieter sowie die Online-Mietwagenportale bieten beim Abschluss die Möglichkeit, einen höheren Versicherungsschutz zu integrieren.

Reiserücktrittsversicherung

Ob eine Reiserücktrittsversicherung für Sie sinnvoll ist, hängt von Ihrem Buchungsverhalten ab. Die Versicherung übernimmt nicht erstattete Anzahlungen oder Stornierungskosten bei einem Reiserücktritt, wenn Sie schon gebucht haben und die Reise dann aus einem wichtigen Grund doch nicht antreten können. Der Versicherungsschutz kann sich nur auf den ärztlich bestätigten Krankheitsfall eines der Reisenden sowie auf den Tod naher Angehöriger beziehen. Bei besseren Tarifen ist aber zum Beispiel auch der Arbeitsplatzverlust als Absagegrund eingeschlossen oder ein Jobwechsel oder wenn eine Reise wegen eines erheblichen Schadens am eigenen Eigentum oder dem eines nahen Angehörigen abgesagt werden muss.

Eine Reiserücktrittsversicherung kann dann sinnvoll sein, wenn Sie eine teure Reise längere Zeit im Voraus gebucht haben. Für diejenigen, die eher spontan unterwegs sind, ist hingegen das Rücktrittsrisiko aufgrund der kürzeren Vorlaufzeit niedriger, sodass dann die Reiserücktrittsversicherung weniger empfehlenswert ist.

Weitere Versicherungen: viele überflüssig

Die Versicherer haben sich viele weitere Produkte ausgedacht. Sie sind bestenfalls bedingt nützlich, häufig aber überflüssig.

Ob neben den wichtigen Policen wie Berufsunfähigkeits-, Haftpflicht-, Kfz- und Auslandreise-Krankenversicherung noch weitere Versicherungen für Sie infrage kommen, hängt von Ihren persönlichen Lebensumständen und Bedürfnissen ab. Nachfolgend erfahren Sie in aller Kürze, welche möglicherweise sinnvollen Versicherungen es noch gibt und wann ein Abschluss überlegenswert ist.

Krankenzusatzversicherungen

Wenn Sie gesetzlich krankenversichert sind, können Sie Leistungen außerhalb des Krankenkassen-Katalogs über eine private Zusatzversicherung abdecken. Diese ist meist modular aufgebaut und bietet Ihnen die Wahl zwischen einzelnen Bausteinen. Hier die Kurzbewertung der gängigsten Module:

- **Zahnersatz.** Die gesetzliche Krankenversicherung übernimmt bei Zahnersatz nur einen geringen Teil der Kosten, vor allem bei höherwertigen Prothesen wie Vollkeramik-Kronen oder Implantaten ist der Eigenanteil hoch. Zwar haben junge Leute meist noch gesunde Zähne. Doch dafür sind die Kosten beim frühzeitigen Abschluss überschaubar. Einschätzung: Zumindest überlegenswert, wenn man Wert auf hochwertigen Zahnersatz legt.
- **Krankenhaus.** Mit einer privaten Zusatzversicherung können Sie sich im Krankenhaus Extras wie Chefarztbehandlung oder Unterbringung im Ein- oder Zweibettzimmer sichern. Kann man machen, muss man aber nicht. Mehrbettzimmer gibt es nur noch selten, für ein Einzelzimmer kann man auch selbst zuzahlen.
- **Krankentagegeld.** Dieser Baustein sichert Ihnen die Zahlung eines Tagegeldes im Krankheitsfall. Sinnvoll für Selbstständige, auch wenn sie gesetzlich versichert sind als Ergänzung. Gesetzlich krankenversicherte Arbeitnehmer erhalten bei Krankheit sechs Wochen Lohnfortzahlung und dann bis zu 72 Wochen Krankengeld. Das Krankengeld ist allerdings niedriger als ihr Nettoeinkommen. Deshalb sollten vor allem höher verdienende Angestellte ergänzend eine Krankentagegeldversicherung abschließen.

- **Heilpraktiker.** Über die private Zusatzversicherung lassen sich zumindest teilweise Heilpraktiker-Honorare abdecken. Überlegenswert ist dieser Baustein für diejenigen, die naturheilkundliche Behandlungsmethoden bevorzugen.

Hausratversicherung

Die Hausratversicherung deckt Schäden an allen Gegenständen in der gemieteten Wohnung oder im Eigenheim ab, die nicht fest mit der Bausubstanz verbunden sind. Darin enthalten ist das komplette Inventar von Wäsche und Gardinen bis hin zu Möbeln, Musikinstrumenten und Elektrogeräten. Wertsachen wie Bargeld, Schmuck oder Kunstwerke sind meist bis zu 20 Prozent der gesamten Versicherungssumme geschützt. Die Versicherung springt bei Schäden und Verlusten durch Brand, Unwetter, Wasseraustritt sowie Einbruch und Diebstahl ein.

Dreh- und Angelpunkt ist bei der Hausratversicherung die Höhe der Versicherungssumme. Wer Beiträge sparen will und diese zu niedrig angibt, riskiert im Schadensfall den Verlust eines Teils seiner Ansprüche. Um solch eine Unterversicherung zu vermeiden, brauchen Sie nicht das gesamte Inventar auf den Cent genau zu erfassen. Wenn Sie pro Quadratmeter Wohnfläche eine Versicherungssumme von 650 Euro angeben, sind Sie bei den meisten Versicherern vom Risiko der Unterversicherung befreit. Dies gilt auch dann, wenn der tatsächliche Wert des Hausrats höher ist. Wenn Sie besonders wertvolle Raritäten besitzen, sollten Sie diese extra versichern. Achten Sie darauf, dass auch die Absicherung von Elektrogeräten gegen Überspannung nach Blitzschlägen in der Police enthalten ist.

Ob Sie eine Hausratversicherung abschließen sollten, hängt vom Wert Ihrer Einrichtung ab. Erfahrungsgemäß sammeln sich im Lauf der Zeit immer höhere Werte an, sodass das Reihenhaus einer Familie im mittleren Alter eher versichert werden sollte als die Studentenbude.

▶ Aktuelle Hausratversicherungstarife finden Sie gegen ein geringes Entgelt unter test.de/hausrat.

Private Unfallversicherung

Wer nach einem Unfall einen bleibenden körperlichen Schaden davonträgt, muss unter Umständen mit hohen Kosten rechnen, weil beispielsweise die Wohnung behindertengerecht umgebaut werden muss oder der Beruf nur noch mit Einschränkungen ausgeübt werden kann. Hat sich der Unfall am Arbeitsplatz oder auf dem Weg zwischen Wohnung und Arbeitgeber ereignet, dann ist als gesetzlicher Träger der Unfallversicherung die Berufsgenossenschaft des Arbeitgebers zuständig. Nicht gesetzlich unfallversichert sind jedoch alle Aktivitäten in der Freizeit. Auch Selbstständige und nicht Berufstätige sind nicht über eine Berufsgenossenschaft versichert, Studierende sowie

Gut zu wissen

Die Hausratversicherung muss keine oder nur eine anteilige Leistung erbringen, wenn Sie grob fahrlässig gehandelt haben. Ihren Schutz riskieren Sie beispielsweise zumindest teilweise, wenn Sie die Wohnungstür bei längerer Abwesenheit nur zuziehen und nicht abschließen oder längere Zeit einen Raum verlassen, in dem sich brennende Kerzen befinden. In den ein wenig teureren Premium- oder Komfort-Tarifen verzichten Versicherer oft auf die Leistungskürzung bei grober Fahrlässigkeit. Das kostet zwar etwas mehr, kann aber im Schadensfall hohe Verluste vermeiden. Der Einschluss von Schäden durch grobe Fahrlässigkeit ist absolut sinnvoll.

Schülerinnen und Schüler sind auf dem Weg zu Uni und Schule sowie während der Lehre beziehungsweise des Unterrichts versichert.

Während die Krankenversicherung immer die Behandlungskosten übernimmt, auch wenn Sie über keine Unfallversicherung verfügen, zahlt die private Unfallversicherung je nach Schwere der zurückbleibenden dauerhaften Schäden eine fest vereinbarte Summe.

Eine Unfallversicherung kann eine Berufsunfähigkeitsversicherung nicht ersetzen, denn die meisten Menschen müssen ihren Beruf krankheitsbedingt aufgeben, selten wegen eines Unfalls. Die weitaus kostengünstigere private Unfallversicherung kann trotzdem sinnvoll sein, wenn Sie sich keine Berufsunfähigkeitsversicherung leisten können und nicht ganz ohne finanzielle Absicherung dastehen wollen. Grundsätzlich ist es jedoch sinnvoller, mehr Geld zu investieren und sich gegen Berufsunfähigkeit zu versichern.

Risikolebensversicherung

Mit einer Risikolebensversicherung sichern Sie Ihre Angehörigen finanziell im Falle Ihres Todes ab. Wenn die versicherte Person stirbt, bekommt der oder die Begünstigte die vereinbarte Versicherungssumme ausgezahlt. Oft handelt es sich beim Begünstigten um den Ehepartner. Ein Muss ist das nicht, denn es können etwa auch Kinder, nicht verheiratete Partner oder ganz andere Personen als Begünstigte eingesetzt werden.

Eine Risikolebensversicherung ist sinnvoll, wenn Angehörige in hohem Maße von Ihrem Einkommen abhängig sind – also vor allem wenn Sie Kinder haben oder Sie oder Ihr Partner beruflich pausieren. Auch beim Kauf eines Eigenheims ist der Abschluss empfehlenswert, um die Schulden im Todesfall ablösen zu können. Oft verlangen Banken sogar diesen Schutz, in diesem Fall Restschuldversicherung genannt.

Damit wird klar: Die Risikolebensversicherung ist sinnvoll, aber in der Regel nicht schon beim Berufsstart, sondern erst zu einem späteren Zeitpunkt.

→ Nicht verwechseln!

Neben der reinen Risikolebensversicherung gibt es auch die Kapitallebensversicherung, die die Versicherungsleistung mit einem Sparvertrag kombiniert. Wie diese Anlageform funktioniert, erfahren Sie im Kapitel „Sparen und anlegen". So viel vorweg: Lohnenswert ist die Kapitallebensversicherung in aller Regel nicht.

Rechtsschutzversicherung

Auch wer nicht wegen jeder Kleinigkeit vors Gericht zieht, muss manchmal sein gutes Recht einklagen – oder findet sich unverhofft im Visier von prozessfreudigen Menschen wieder. Das kann teuer werden, denn wer den Rechtsstreit verliert, muss nicht nur die eigenen Prozesskosten berappen, sondern auch die des Gegners. Die Rechtsschutzversicherung schafft hier Abhilfe: Zuerst prüfen die Fachleute der Versicherungsgesellschaft, ob Kunden eine realistische Erfolgschance haben. Ist dies der Fall, erfolgt die Deckungszusage – und dann steht die Versicherung auch bei einer unvorhergesehenen Niederlage für alle Kosten gerade.

Welche Lebensbereiche dabei abgedeckt sind, entscheiden die Kundinnen und Kunden. Denn Rechtsschutzversicherungen gibt es in verschiedenen Bausteinen etwa für Arbeits-, Verkehrs- oder Vertragsrecht. Sowohl die Kombination einzelner Bausteine als auch der Abschluss eine Komplettpakets sind möglich. Keine Police gibt es allerdings dort, wo es besonders häufig zum Prozess kommt: Streitigkeiten wegen Ärger bei Bauprojekten sowie Gerichtsprozesse bei Ehescheidung und Erbschaftsstreitigkeiten decken Rechtsschutzversicherungen nicht ab.

Cyberversicherungen

Bei Cyberversicherungen handelt es sich um Versicherungspakete, die rechtlichen Ärger rund um das Internet abdecken. Kern ist meist eine Schadenersatz- und Strafrechtsschutzversicherung. Dazu kommt im Bedarfsfall die Finanzierung von zusätzlichen Leistungen wie Datenrettung, psychologische Beratung bei Cybermobbing oder das Veranlassen der Löschung rufschädigender Inhalte in sozialen Medien.

Allerdings setzen die Versicherer voraus, dass Sie auf Ihren PCs und internetfähigen Geräten aktuelle Sicherheitsupdates installieren, Virenschutzprogramme einsetzen, sichere Passwörter wählen und Ihre Geräte vor dem unbefugten Zugriff schützen. Wer dies versäumt, riskiert im Ernstfall den Versicherungsschutz. Außerdem kann es Überschneidungen geben, wenn einzelne Bestandteile bereits über bestehende Rechtsschutz- oder Haftpflichtversicherungen abgedeckt sind.

Das kann weg: Policen, die niemand braucht

Dann gibt es noch die Versicherungen, die eigentlich kein Mensch braucht. Hier ohne Anspruch auf Vollständigkeit eine kurze Liste der überflüssigen Policen:

- **Reisegepäckversicherung.** Sie bietet nur lückenhaften Schutz, weil meist keine Entschädigung geleistet wird, wenn Sie Ihr Gepäck zum Zeitpunkt des Diebstahls auch nur kurze Zeit unbeaufsichtigt gelassen haben. Zudem sind gerade wertvolle Gegenstände und Elektronik nur sehr eingeschränkt versichert.
- **Reise-Haftpflichtversicherung.** Ist überflüssig, wenn Sie eine private Haftpflichtversicherung abgeschlossen haben, die von vornherein weltweit gilt.
- **Reise-Unfallversicherung.** Auch hier sollten Sie lieber überlegen, ob Sie grundsätzlich eine weltweit und jederzeit geltende private Unfallversicherung brauchen oder nicht.
- **Brillenversicherung.** Im Verhältnis zur versicherten Leistung sind die Beiträge so hoch, dass Sie sich alle paar Jahre davon sowieso eine neue Brille gönnen könnten.
- **Glasbruchversicherung.** Springt ein, wenn in Ihrer Wohnung eine Fensterscheibe zu Bruch geht. Hier gilt ähnlich wie bei der Brillenversicherung: Wer den eingesparten Beitrag für eventuelle Schadensfälle auf die Seite legt, kommt meist günstiger weg.

Gut zu wisen

Nicht doppelt versichern.
Vor dem Abschluss einer Rechtsschutzversicherung sollten Sie prüfen, ob keine unnötige Doppelversicherung vorliegt. Verschiedene Interessenverbände nämlich bieten ihren Mitgliedern einen Rechtsschutz, dessen Kosten im Mitgliedsbeitrag enthalten sind. So sind beispielsweise die meisten Gewerkschaftsmitglieder gegen berufliche Rechtsstreitigkeiten bereits abgesichert, und bei vielen Mietervereinen beinhaltet der Beitrag die Rechtsschutzversicherung für Mietstreitigkeiten. In diesem Fall sollten Sie den entsprechenden Baustein aus Ihrem Vertrag streichen, um doppelte Beiträge zu vermeiden.

- **Reparaturversicherung.** Diese Versicherungen werden vor allem für Smartphones und andere Unterhaltungselektronik angeboten. Sie bieten eine Garantieverlängerung, die Übernahme von Reparaturkosten oder die Entschädigung bei Diebstahl. Doch häufig haben die Anbieter im Kleingedruckten jede Menge Schlupflöcher eingebaut, um sich im Ernstfall vor der Zahlung drücken zu können.

Versicherungen im Überblick: Was Sie brauchen und was nicht

Versicherung	Priorität	Wer braucht sie?
Die eigene Person versichern		
Private Haftpflichtversicherung	Sehr hoch	Ein absolutes Muss für alle
Berufsunfähigkeitsversicherung	Sehr hoch	Sehr wichtig für alle Berufstätigen, die sich die vergleichsweise hohe Prämie leisten können
Krankenzusatzversicherungen	Mittel	Kann sinnvoll sein für diejenigen, die Extraleistungen in der medizinischen Versorgung möchten
Unfallversicherung	Mittel	Kann als Basisschutz sinnvoll sein, wenn man sich keine Berufsunfähigkeitsversicherung leisten kann
Risiko-Lebensversicherung	Mittel	Empfehlenswert für Familien mit Kindern
Rechtsschutzversicherung	Mittel	Sinnvoll für Menschen, die sich für den Fall von Rechtsstreitigkeiten finanziell absichern möchten
Cyberversicherung	Mittel	Empfehlenswert für diejenigen, die sich Rechtsschutz und Serviceleistungen bei Cybermobbing und Onlinekriminalität wünschen
Rund ums Auto		
Kfz-Haftpflichtversicherung	Sehr hoch	Obligatorisch für alle Kfz-Besitzer
Kfz-Teilkaskoversicherung	Mittel	Sinnvoller Schutz des Fahrzeugs gegen Diebstahl, Brand, Unwetter und Wildunfälle
Kfz-Vollkaskoversicherung	Mittel	Sinnvoll bei neuen oder höherwertigen Autos

Kfz-Schutzbrief	Mittel	Sinnvoll für diejenigen, die häufig mit dem Auto verreisen
Reiseversicherungen		
Auslandreise-Krankenversicherung	Sehr hoch	Alle, die ins Ausland reisen
Mallorca-Police	Hoch	Wichtig bei Mietwagenbuchung im europäischen Ausland
Reiserücktrittsversicherung	Mittel	Empfehlenswert bei frühzeitiger Buchung von teuren Reisen
Reise-Haftpflichtversicherung	Überflüssig	Braucht niemand, der eine private Haftpflichtversicherung hat
Reisegepäckversicherung	Überflüssig	Braucht niemand, Schutz ist viel zu lückenhaft
Reise-Unfallversicherung	Überflüssig	Braucht niemand, lieber über eine private Unfallversicherung nachdenken
Sonstige Versicherungen		
Hausratversicherung	Mittel	Lohnt sich erst bei höherwertiger Wohnungseinrichtung
Brillenversicherung	Überflüssig	Braucht niemand, meist zu teuer für die versicherte Leistung
Reparaturversicherung	Überflüssig	Braucht niemand, oft teuer und mit Fallen im Kleingedruckten
Glasbruchversicherung	Überflüssig	Braucht niemand, meist zu teuer für die versicherte Leistung

Sparen und anlegen

In diesem Kapitel erhalten Sie zunächst einen Überblick über die Grundlagen der Geldanlage und die einzelnen Anlageprodukte. Wie Sie einfach ein Vermögen aufbauen können, erfahren Sie im letzten Kapitel.

Haben Sie den Eindruck, dass Sie bei der Geldanlage vor einem unübersichtlichen Dschungel an Angeboten stehen? Damit sind Sie nicht allein: Banken, Bausparkassen, Fondsgesellschaften, Versicherer und digitale Finanzanbieter buhlen um die Gunst der Anlegerinnen und Anleger – und naturgemäß behauptet jeder Anbieter, besser zu sein als alle anderen. Das Marketing-Dauerfeuer macht viele Menschen mürbe und verleitet sie dazu, ihr Geld mehr oder weniger nach dem Zufallsprinzip bei dem Unternehmen anzulegen, das am meisten Sympathie weckt. Doch das kann später zu bösem Erwachen führen, wenn die Geldanlage statt der verheißenen Traumrendite nur Kosten und Verluste produziert.

Besser ist es, sich zunächst einmal klarzumachen, dass ein großer Teil der Anlageangebote schlichtweg überflüssig ist. Nur wenige davon brauchen Sie für Ihren Vermögensaufbau. Zunächst gibt es hier jedoch ein wenig Grundwissen zu den wichtigsten Finanzprodukten. Auch zu den überflüssigen – schließlich sollten Sie wissen, womit man Sie ködern will und was dahintersteckt.

Zuallererst sollten Sie sich darüber im Klaren sein, dass es bei der Geldanlage ein paar wichtige Grundregeln gibt, die sich ähnlich wie Naturgesetze nicht einfach außer Kraft setzen lassen:

- **Hohe Renditen gibt es nicht ohne Risiko.** Anlageangebote mit hohen Renditeversprechen bergen immer auch hohe Verlustrisiken. Bei Aktien und Fonds sind dies beispielsweise die Wertschwankungen an der Börse, die bei einem Crash Ihre Ersparnisse halbieren können. Oder Sie leihen mit der Geldanlage einem Unternehmen Geld, das finanziell nicht solide dasteht – und dann ist bei einer Pleite das Geld weg.
- **Kosten fressen den Gewinn.** Je höher die Nebenkosten einer Geldanlage, umso geringer wird der Ertrag. Achten Sie daher auf Gebühren jeglicher Art wie beispielsweise Kontoentgelte, Verwaltungsgebühren oder Gebühren beim Abschluss von Geldanlagen.
- **Es gibt keine Geheimtipps.** Manche Finanzverkäufer behaupten, mit ihren Produkten oder Methoden würden sich hohe Gewinne erzielen lassen, weil sich Geheimwissen nutzen ließe. Das erste Problem: Weil die angeblichen Informationen so exklusiv sind, können Sie deren Wahrheitsgehalt nicht nachprüfen. Das zweite Problem: Meistens werden mit solchen Geheimtipps Anleger in unseriöse Geldanlagen gelockt, mit denen sie am Ende auf die Nase fallen.
- **Es gibt keine kostenlose Beratung.** Wenn Sie zu einer Bank oder zu einem Finanzvermittler gehen, müssen Sie für das Gespräch kein Beratungshonorar zahlen. Die Finanzierung erfolgt nämlich von einer anderen Seite: Schließt die Bank oder der Berater ein Anlageprodukt ab, zahlt der Produktanbieter ihr dafür eine Provision. Damit ist das Ziel der vermeintlichen Beratungsgespräche nicht die neutrale und unabhängige Beratung, sondern der Verkauf von Finanzprodukten. Die Kosten zahlen dann die Kundinnen und Kunden beim Abschluss, weil sie die gezahlten Provision über Ertragseinbußen oder Gebühren finanzieren müssen. Und das kommt meist teuer.

Seien Sie also kritisch bei der Wahl des Anbieters, wenn es ums Sparen und um die Geldanlage geht. Prüfen Sie die Finanzprodukte vor allem in Hinblick auf drei Punkte:

- Wie sicher sind sie?
- Was kosten sie?
- Verstehe ich, wie sie funktionieren?

Wenn Sie ein Produkt nicht ganz verstehen, dann verzichten Sie einfach darauf. Damit verpassen Sie nichts, denn beim Lesen dieses Kapitels werden Sie feststellen: Alle Anlageformen, die wirklich sinnvoll sind, sind gut zu verstehen, und die Risiken, Renditechancen und Kosten lassen sich auf recht einfache Weise ermitteln.

Geld anlegen bei Banken und Bausparkassen

Banken sind oft die erste Anlaufstelle, wenn es ums Sparen und Anlegen geht. Ihre Produkte sind einfach und transparent, allerdings ist die Rendite bescheiden.

Banken bieten eine Vielzahl an Anlageprodukten an – sowohl eigene als auch solche von anderen Finanzunternehmen wie Bausparkassen, Investmentgesellschaften und Versicherungen. An dieser Stelle geht es darum, wie Sie Ihr Geld direkt auf den Spar- und Anlagekonten einer Bank anlegen können. Anlageformen wie Fonds-, Bauspar- oder Versicherungssparverträge, bei denen die Bank lediglich als Vermittler fungiert, werden in den nachfolgenden Abschnitten erläutert.

Wie sicher ist mein Geld bei der Bank?

Bei Geldanlage- und Sparkonten geben Sie der Bank sozusagen einen Kredit: Sie leihen der Bank Ihr Erspartes, und die Bank verpflichtet sich, dieses mitsamt Zinsen wieder zurückzuzahlen. Je nach Anlageform können Sie Ihr Geld entweder jederzeit oder unter Einhaltung bestimmter Laufzeiten beziehungsweise Kündigungsfristen zurückfordern. Ein gewisser Unsicherheitsfaktor kann bei Anlageformen mit variabler Verzinsung bestehen: Hier kann der Zinsertrag, den die Bank zusätzlich zum angelegten Kapital zahlt, je nach Marktzins mal höher oder mal niedriger ausfallen.

Allerdings stellt sich die Frage: Was passiert mit Ihrem Geld, wenn die Bank pleitegeht und ihre Rückzahlungsgarantie nicht mehr erfüllen kann? Die Antwort darauf hängt davon ab, in welchem Land die Bank ihren Firmensitz hat.

Für Banken mit Hauptsitz in Deutschland gilt zunächst die gesetzliche Einlagensicherung, die Guthaben bis zu 100 000 Euro pro Anleger absichert. Wird die Bank zahlungsunfähig, erhalten deren Kunden ihre angelegten Gelder über die Einlagensicherung zurück. Darüber hinaus gehören die meisten Geldinstitute weiteren Sicherungssystemen an. So haben Sparkassen, Genossenschaftsbanken und viele Privatbanken eigene Einlagensicherungen, mit denen sie über die gesetzliche Mindestsicherung hinaus noch weitaus höhere Kundenguthaben absichern.

Da Sie als Berufsneuling mit hoher Wahrscheinlichkeit über etwas weniger als 100 000 Euro an Guthaben verfügen, sind

Sie folglich mit der Anlage bei deutschen Geldinstituten auf der sicheren Seite.

Mehr aufpassen müssen Sie bei ausländischen Geldinstituten. Zwar gilt die Einlagensicherung bis 100 000 Euro für alle Länder der EU. Allerdings steht dafür nicht die EU als Ganzes gerade, sondern das jeweilige Land, in dem die Bank ihren Sitz hat. Ob finanzschwache EU-Länder im Falle einer größeren Bankenkrise über genügend Finanzreserven verfügen, um in großem Stil Kunden von insolventen Banken auszuzahlen, ist nicht unbedingt sicher.

→ Erst den Firmensitz prüfen

Vor allem bei Online-Bankangeboten sollten Sie vor einer Anlageentscheidung prüfen, in welchem Land die Bank ihren Sitz hat. Am sichersten ist es, sich bei der Auswahl von Anlagemöglichkeiten auf Banken zu beschränken, die ihren Hauptsitz in Deutschland haben.

Tagesgeldkonten

Das Tagesgeldkonto ist das wichtigste Finanzprodukt, das Sie bei Banken und Sparkassen finden. Es handelt sich dabei um ein Anlagekonto, das Ihnen beim Einzahlen und Abheben sämtliche Freiheiten lässt. Bei der Kontoeröffnung hinterlegen Sie als Referenzkonto die Iban des Girokontos. Wenn Sie Geld vom Tagesgeldkonto abheben möchten, wird es dann in der Regel bis zum folgenden Werktag auf dieses Konto überwiesen. Das Referenzkonto können Sie jederzeit ändern, wenn Sie beispielsweise mit Ihrem Girokonto zu einem anderen Geldinstitut umziehen, aber das Tagesgeldkonto weiterhin behalten wollen.

Der Abruf von Geld erfolgt meist per Onlinebanking. Bei manchen Banken können Sie auch telefonisch eine Überweisung vom Tagesgeld- auf das Girokonto veranlassen. Ebenso einfach funktioniert die Einzahlung: Sie überweisen von einem beliebigen Girokonto aus Geld und setzen im Überweisungsformular die Iban Ihres Tagesgeldkontos ein. Auch regelmäßige Einzahlungen in Form eines Dauerauftrags sind problemlos möglich.

Vorteilhaft sind die einfache Handhabung und im Bedarfsfall der schnelle Zugriff auf das angelegte Geld. Es gibt weder Kündigungsfristen noch andere Einschränkungen, wenn Sie Guthaben abrufen möchten. Außerdem zahlen Sie in aller Regel keine Gebühren und haben kein Verlustrisiko.

Nachteilig ist die geringe Verzinsung. Je länger Ihr Geld auf dem Tagesgeldkonto liegt, umso mehr gerät die Rendite im Vergleich zu ertragreicheren Anlageprodukten (die jedoch oft auch mit Risiken oder Einschränkungen beim Zugriff verbunden sind) ins Hintertreffen.

Geeignet ist das Tagesgeldkonto für die Anlage von Beträgen, die Sie womöglich auch mal schnell wieder benötigen – beispielsweise für das Budget für den nächsten

Urlaub und als Notfallreserve für unvorhergesehene Ausgaben wie größere Reparaturen am Auto oder Ersatzanschaffungen, wenn teure Geräte oder Haushaltsgegenstände kaputtgehen.

Ratensparpläne

Ratensparpläne sind auf das regelmäßige Sparen zugeschnitten und funktionieren nur mit einer monatlichen, manchmal auch vierteljährlichen Sparrate. Je nach Anbieter kann es eine feste Laufzeit geben oder eine flexible Laufzeit, bei der mit zunehmender Spardauer entweder der Anlagezins steigt oder eine Prämie gezahlt wird. Bei flexibler Spardauer ist der Abruf des Guthabens meist mit einer mehrmonatigen Kündigungsfrist verbunden.

Vorteilhaft ist die im Vergleich zum Tagesgeldkonto meist etwas höhere Rendite, vor allem beim längerfristigen Sparen. Gebühren fallen nicht an.

Nachteilig ist die eingeschränkte Flexibilität. Sparraten auszusetzen ist oft nur für einen begrenzten Zeitraum möglich oder wird mit Renditeeinbußen erkauft. Zusätzliche Einzahlungen sind meist nicht zulässig. Beim Zugriff auf das Guthaben ist häufig eine Kündigungsfrist zu beachten.

Geeignet ist der Ratensparplan nur, wenn Spardauer und Sparziel klar definiert sind und das Produkt im Vergleich zum Tagesgeldkonto eine deutlich bessere Verzinsung bringt. Ansonsten ist das flexible Tagesgeld-Sparen empfehlenswerter.

Gut zu wissen

Das gute alte Sparbuch – oder heute das digitale Sparkonto – ist nur in Ausnahmefällen geeignet. In Zeiten von Onlinebanking und bargeldlosem Geldverkehr ist Tagesgeld die flexiblere Alternative. Vorteilhaft ist beim Sparkonto im Vergleich zum Tagesgeldkonto, dass Sie Geld direkt am Bankschalter bar einzahlen und abheben können. Nachteilig ist jedoch, dass Sie bei größeren Abhebungen entweder eine Kündigungsfrist oder eine Gebühr in Kauf nehmen müssen – und das, obwohl im Vergleich zum Tagesgeld meist kein besserer Zins gezahlt wird.

Festgeldkonten und Sparbriefe

Wer einen festen Betrag für einen längeren Zeitraum anlegen will, kann dafür ein Festgeldkonto oder einen Sparbrief nutzen. Beide Anlageprodukte sind ähnlich aufgebaut: Meist verlangt die Bank eine Mindestanlage zwischen 500 und 5000 Euro, die Laufzeiten betragen in der Regel zwischen drei Monaten und zehn Jahren. Festgeldkonten werden meist für die kürzeren Laufzeiten angeboten, während Sparbriefe häufig die mehrjährige Geldanlage abdecken. Mit dem Abschluss eines Sparbriefs oder Festgeldkontos legen Sie sich auf den gewählten Zeitraum fest. Sie können dann nicht vorzeitig auf das Guthaben zugreifen und auch nichts zusätzlich einzahlen.

Vorteilhaft ist bei Festgeldern und Sparbriefen neben dem geringen Risiko die Verzinsung, die im Vergleich zum Tagesgeldkonto meist etwas höher ist.

Nachteilig ist der Mangel an Flexibilität, weil Sie vor der Fälligkeit keinen Zugriff auf Ihr angelegtes Geld haben.

Geeignet sind Festgeldkonten und Sparbriefe, wenn Sie einen größeren Betrag anlegen wollen und sicher sind, dass Sie das Geld vor der Fälligkeit nicht benötigen.

Bausparen: Lohnt sich das?

Wie es der Name schon vermuten lässt, dient das Bausparen ganz gezielt der Finanzierung von Wohneigentum. Wenn Sie keine Immobilie besitzen oder erwerben möchten, können Sie diesen Abschnitt einfach überspringen. Angeboten werden Bausparverträge von Bausparkassen, die beim Vertrieb häufig mit Finanzvermittlern oder Banken zusammenarbeiten. Hierbei handelt es sich um eine Kombination aus Spar- und Kreditvertrag. Sie schließen einen Vertrag über eine bestimmte Summe ab und dürfen nach einiger Zeit die Differenz zwischen dem angesparten Guthaben und der Bausparsumme als Darlehen abrufen. Daher läuft das Bausparen üblicherweise in zwei Phasen ab: der Ansparphase und der Darlehensphase.

- **Die Ansparphase.** Zunächst bauen Sie mit regelmäßigen Einzahlungen in den Bausparvertrag ein Guthaben auf. Sie zahlen monatliche oder jährliche Raten ein, deren Höhe sich an der vereinbarten Bausparsumme orientiert. Bei Standard-Bauspartarifen dauert diese Phase rund sieben Jahre. Die Bausparkassen bieten jedoch auch Varianten an, bei denen die Sparphase kürzer oder länger dauern kann. Haben Sie dann je nach Tarif einen bestimmten Anteil von 30 bis 40 Prozent der Vertragssumme eingezahlt und erfüllt der Vertrag noch einige weitere Voraussetzungen, erfolgt die sogenannte Zuteilung. Dann beginnt die nächste Phase.
- **Die Darlehensphase.** Wenn der Bausparvertrag von der Bausparkasse zugeteilt wird, können Sie sich das Guthaben auszahlen lassen und darüber hinaus das Bauspardarlehen abrufen. Für das Darlehen zahlen Sie einen Zins, der bereits beim Abschluss des Bausparvertrags festgelegt wird. Auch die Rückzahlungsrate steht von Beginn an fest.

Wichtig zu wissen: Bei der Vergabe des Bauspardarlehens gibt es eine Zweckbindung. Bausparer bekommen den Kredit nur, wenn sie das Geld entweder für den Erwerb einer Wohnimmobilie oder für Investitionen in eine bereits bestehende Immobilie – etwa in Form von Renovierungen oder Anbauten – verwenden.

So funktioniert ein Bausparvertrag

Nach der Sparphase beginnt die Darlehensphase. Dann können Sie sich das Guthaben auszahlen lassen und das Darlehen abrufen. Das Beispiel zeigt einen Vertrag mit 40 000 Euro Vertragssumme.

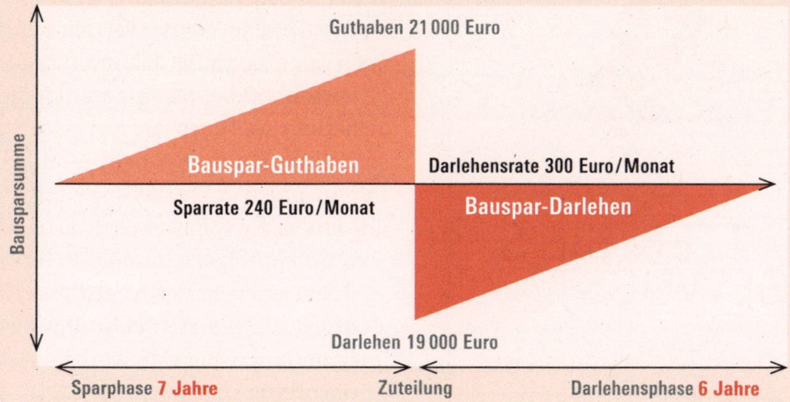

Bei den Nebenkosten sollten Sie vor allem auf zwei Posten achten. Beim Abschluss werden je nach Anbieter 1,0 bis 1,6 Prozent der Bausparsumme als Abschlussgebühr fällig. Einige Bausparkassen erheben darüber hinaus noch eine weitere Gebühr bei der Auszahlung des Darlehens.

Staatliche Förderung

Aufbessern lässt sich die ansonsten eher magere Rendite beim Bausparen mit staatlicher Förderung. So können Sie für Ihre Einzahlungen unter bestimmten Voraussetzungen wahlweise Arbeitnehmersparzulage im Rahmen der vermögenswirksamen Leistungen (siehe „VL: Der Staat spart mit“, S. 42) oder Riester-Förderung (siehe „Riester-Sparen“, S. 133) erhalten.

Für Einzahlungen, die weder mit Arbeitnehmersparzulage noch mit Riester-Zulagen gefördert werden, kommt die Förderung über die Wohnungsbauprämie in Betracht. Für Einzahlungen bis zu 700 Euro pro Jahr können Ledige von 10 Prozent Wohnungsbauprämie profitieren. Bei Verheirateten erhöht sich die Grenze auf 1400 Euro jährlich. Verdienen dürfen Ledige maximal 35 000 Euro pro Jahr, Verheiratete 70 000 Euro. Maßstab ist dabei das zu versteuernde Einkommen, das meist deutlich niedriger ist als der Bruttoverdienst, weil verschiedene Abzüge wie Werbungskosten, Vorsorgeaufwendungen und Sonderausgaben berücksichtigt werden. Damit können Ledige auch bei einem Jahresbruttoverdienst von rund 42 000 Euro noch Wohnungsbauprämie erhalten.

HÄTTEN SIE'S GEWUSST?

Überhöhte Vertragssummen sind ein Renditekiller beim Bausparen. Passt die Sparrate nicht zur Vertragssumme, wird der Vertrag nicht rechtzeitig zuteilungsreif. Hier gilt es aufzupassen, denn Bausparvertreter verkaufen gerne hohe Bausparsummen.

Achten Sie auf den Regelsparbeitrag. Wenn Sie monatlich diesen Betrag einzahlen, haben Sie die besten Chancen, dass die Zuteilung nach Plan verläuft.

Meist beträgt der Regelsparbeitrag 4 Promille der Bausparsumme. Das heißt: Wenn Sie monatlich 200 Euro einzahlen können, beträgt die optimale Vertragssumme 50 000 Euro.

Allerdings gilt auch hier die Zweckbindung. Wird das Bausparguthaben nicht für wohnwirtschaftliche Zwecke verwendet, gibt es auch keine Wohnungsbauprämie.

Vorteilhaft beim Bausparen ist die hohe Sicherheit, weil auch Bausparkassen der gesetzlichen Einlagensicherung angehören. Der Anspruch auf Förderung kann die Rendite erhöhen – vorausgesetzt, das Guthaben wird für eine eigene Immobilie verwendet. Weil der Darlehenszins von vornherein feststeht, ist die spätere Belastung durch die Rückzahlung sicher kalkulierbar.

Nachteilig sind neben der geringen Rendite die hohen Nebenkosten. Diese machen das Bausparen ohne staatliche Förderung meist unrentabel.

Geeignet ist das Bausparen vor allem dann, wenn Sie Anspruch auf Förderung vorweisen können und nur wenn Sie den Erwerb einer eigenen Immobilie in den nächsten fünf bis spätestens zehn Jahren fest im Blick haben. Der Vertrag sollte so abgestimmt sein, dass die Zuteilung des Darlehens möglichst exakt mit dem geplanten Zeitpunkt des Immobilienkaufs übereinstimmt.

▶ Unter test.de/bausparrechner finden Sie ein Bausparglossar sowie viele weitere Infos rund ums Bausparen. Außerdem können Sie dort gegen ein geringes Entgelt einen Tarifvergleich aller deutschen Bausparkassen abrufen. Für Flatratekunden ist er kostenlos.

Fondssparen: Kleine Beträge an der Börse investieren

Mit Fonds können sich Sparer auch mit kleinen Beträgen an einem breit gefächerten Wertpapiermix beteiligen.

Wenn Ihnen die Renditen von sicheren Tagesgeldkonten oder Sparbriefen nicht reichen, Ihr Geld langfristig angelegt werden soll und Sie ein gewisses Verlustrisiko in Kauf nehmen können und wollen, empfehlen sich Aktien als Kapitalanlage. Allerdings besser in Form von Fonds, denn der direkte Erwerb von Aktien ist nur mit recht hohen Anlagebeträgen interessant. Dafür gibt es zwei Gründe:

1. Bei vielen Banken sind die Mindestgebühren beim Kauf von Aktien ziemlich hoch, sodass Sie pro Aktie einen vierstelligen Betrag anlegen sollten.
2. Fachleute empfehlen die Streuung des Aktienkapitals auf viele Unternehmen aus unterschiedlichen Ländern und Branchen, um „Klumpenrisiken" auszuschalten. Sprich: Je mehr unterschiedliche Firmen sich in Ihrem Wertpapiermix befinden, umso geringer ist der Schaden, wenn eines davon pleitegeht oder der Kurs aus anderen Gründen in den Keller rauscht. Damit verbunden ist jedoch ein hoher Aufwand, da Sie die einzelnen Unternehmen regelmäßig beobachten sollten.

Deshalb sind Investmentfonds (kurz: Fonds) die bessere Alternative. Der Vorteil: Sie können sich daran auch mit kleinen Beträgen beteiligen und haben so eine breite Risikostreuung bei überschaubaren Nebenkosten.

Die Grundidee dabei ist einfach: Wenn viele einzelne Anleger ihr Geld zusammenlegen, kommt genügend Kapital zusammen, um damit einen breit gefächerten Wertpapiermix aufzubauen. Welche konkreten Wertpapiere gekauft oder verkauft werden, entscheidet bei aktiv gemanagten Fonds das Fondsmanagement, bei ETF (Indexfonds) bilden die Papiere einen Index wie beispielsweise den Dax oder den Euro Stoxx ab. Häufig bestehen Investmentfonds aus weit mehr als 100 einzelnen Aktien oder Anleihen im Gesamtwert von mehreren Hundert Millionen Euro.

In einen Fonds einsteigen und sparen können Sie auch mit wenig Geld: Möglich sind bei vielen Fonds Einzahlungen ab 25 oder 50 Euro, sodass auch die Einrichtung eines Sparplans gut funktioniert.

Das gesamte Fondsvermögen wird dann in einzelne Anteile gestückelt, sodass Sie einen bestimmten Bruchteil des Gesamtportfolios besitzen. Angenommen, ein Fonds hat ein Gesamtvolumen von 100 Millionen Euro, das aus 10 Millionen Anteilen besteht. Dann würden Sie bei einer Anlage von 1000 Euro exakt 100 Anteile erwerben.

Mit der Geldanlage in Investmentfonds sind Nebenkosten verbunden. So ist beim Anteilskauf von aktiv gemanagten Fonds ein Ausgabeaufschlag zu bezahlen, der je nach Fondsgattung und Anbieter bis zu 6 Prozent der Anlagesumme betragen kann. Beim ETF-Kauf gibt es hingegen keinen Ausgabeaufschlag, dafür erhebt die Bank zumeist eine Gebühr für die Ausführung der Kauforder über die Börse. Darüber hinaus kassiert die Fondsgesellschaft eine jährliche Verwaltungsgebühr, die sie vom Anlagekapital ihrer Kunden einbehält. Nicht zuletzt müssen Sie die Fondsanteile, die Sie gekauft haben, im Wertpapierdepot einer Bank verwalten lassen – und auch dafür können Gebühren fällig werden.

Zu den wichtigsten Eigenschaften von Investmentfonds zählt, dass sie im Gegensatz zu Bankanlagen in aller Regel keine feste Rendite garantieren. Wie hoch der Gewinn ausfällt, hängt davon ab, wie sich die Kurse der im Fondsvermögen enthaltenen Wertpapiere entwickeln. Auch Verluste sind möglich – insbesondere bei Aktienfonds, deren Rendite maßgeblich von den Börsenkursen abhängt. Damit Sie den Fonds nicht in einem Börsentief verkaufen müssen, sollten Sie nur Geld investieren, das Sie in den nächsten zehn Jahren nicht benötigen.

→ Wo finde ich Informationen zu Fonds?

Diese Frage führt Interessierte häufig auf die Internetseiten von Banken – insbesondere von Direktbanken – und natürlich auf die Internetseiten der einzelnen Fondsgesellschaften. Dort finden sich Daten und Fakten für Fondsanleger. Auch die Internetseite der Stiftung Warentest bietet unter test.de/fonds eine Onlinedatenbank mit Fondsinformationen und -bewertungen. Neben den Zahlen zur kurz- und langfristigen Wertentwicklung sollten Sie insbesondere die „Wesentlichen Anlegerinformationen (WAI)“ sowie die „Fact Sheets“ zurate ziehen. Dort finden Sie wichtige Angaben zu Anlagestrategie, Fondsvolumen, Nebenkosten und bisher erzielter Rendite.

In welche Wertpapiere investieren Fonds?

Der Markt für Fonds ist riesig: Weit mehr als 10 000 Fonds sind in Deutschland zum Vertrieb zugelassen, die ganz unterschiedliche Inhalte vorweisen. An der Börse werden nicht nur Aktien gehandelt, sondern auch andere Wertpapiere wie Anleihen. Entsprechend breit gefächert ist die Palette der Fondsgattungen – weltweit investierende Aktien- oder Anleihenfonds sind ebenso zu finden wie Spezialfonds, die beispielsweise in Aktien von japanischen IT-Unternehmen oder in südamerikanische Anleihen investieren. Und es gibt sogar Fonds, bei denen das Geld der Anleger hauptsächlich in vermietete Immobilien fließt.

Doch so viel gleich vorweg: Lassen Sie sich von der Vielfalt nicht verwirren. Als Basis für den Vermögensaufbau eignen sich am besten Aktienfonds, die weltweit in die größten börsennotierten Unternehmen – die „Standardwerte" – investieren. Alle anderen Fondsgattungen sind eher ein Spielzeug für erfahrene Börsianer, die mit ihrem Investment auf die überdurchschnittliche Entwicklung bestimmter Branchen, Regionen oder Anlagesegmente spekulieren.

Die meisten Fonds lassen sich je nach Inhalt in die folgenden Gattungen aufteilen:

- **Aktienfonds.** Diese Fonds bilden das wichtigste Segment. Hier gibt es weitere Unterarten wie beispielsweise Aktienfonds mit regionalem Schwerpunkt oder Fonds, die sich auf bestimmte Branchen konzentrieren. Solche Nischenanlagen können Sie jedoch getrost ausblenden – der Einstieg in die Fondswelt erfolgt am besten mit einem global investierenden Fonds.
- **Rentenfonds.** Der Begriff „Renten" hat nichts mit der Altersrente zu tun, sondern bezeichnet im Börsenjargon Anleihen mit fester Verzinsung. Auch hier gibt es unterschiedliche Ausrichtungen, beispielsweise auf kurz- oder langlaufende Anleihen, auf sichere Staatsanleihen von Industrieländern im Euroraum oder auf riskante Hochzins-Anleihen von Schwellenländern wie Brasilien oder Südafrika.
- **Mischfonds.** Wie es der Name schon vermuten lässt, mixen diese Fonds Aktien und Anleihen – je nach Ausrichtung überwiegen Aktien oder Anleihen, und sie weisen dadurch mehr oder weniger Chance und Risiko auf.
- **Dachfonds.** Auch hier findet eine Mischung unterschiedlicher Wertpapierarten statt. Allerdings investieren Dachfonds nicht direkt in Wertpapiere, sondern in andere Fonds – beispielsweise Aktien- und Rentenfonds.
- **Offene Immobilienfonds.** Immobilien sind keine Wertpapiere, können aber in einen Investmentfonds verpackt werden. Um bei der Rückgabe von Anteilen nicht gleich eine Immobilie verkaufen zu müssen, legen offene Immobilienfonds einen Teil des Anlegergeldes in Anleihen an. Eine weitere Besonderheit ist die Einschränkung bei der Rückgabe von Fondsanteilen: Anleger müssen die Anteile mindestens zwei Jahre halten und eine zwölfmonatige Kündigungsfrist beachten.

Dazu kommen noch exotische Fonds, die in Anlagezertifikate, Derivate oder Rohstoffe investieren. Doch auch sie zählen zur langen Liste der Produkte, die Laien links liegen lassen sollten.

Fonds im Überblick: Was brauche ich, und worauf kann ich verzichten?

Die einzelnen Angaben gelten sowohl für ETF als auch für aktiv gemanagte Fonds mit dem betreffenden Anlageschwerpunkt.

Fondsgattung	Chancen und Risiken	Wann sinnvoll?
Aktienfonds weltweit	Hohe Renditechancen, hohe Schwankungsrisiken	**Geeignet** für den langfristigen Vermögensaufbau. Das Geld sollte mindestens zehn Jahre angelegt werden, damit sich die Schwankungen ausgleichen. Wichtig: Achten Sie darauf, dass der Fonds weltweit in große Unternehmen investiert.
Aktienfonds mit Branchen- oder Länderfokussierung	Hohe Renditechancen, oft noch höhere Schwankungsrisiken als bei weltweiten Aktienfonds	**Nur selten geeignet** für den Einstieg. Erst wenn mit weltweiten Aktienfonds ein Grundstock gelegt ist, können erfahrene Anleger spezielle Fonds dazumischen.
Rentenfonds	Je nach Ausrichtung geringe bis mittlere Risiken und geringe bis moderate Renditechancen	**Derzeit nur selten sinnvoll,** da aus Kostengründen für die sichere Geldanlage lieber ein Bankprodukt wie Tages- oder Festgeld gewählt werden sollte.
Mischfonds	Chancen und Risiken hängen von der Anlagestrategie des Fonds ab	**Nicht sinnvoll,** da die Geldanlage lieber klar getrennt werden sollte: Aktienfonds für den langfristigen Bereich und ein Anlagekonto bei der Bank, das für die kurz- und mittelfristige Anlage oder als Risikopuffer beim langfristigen Aktienfondssparen dient.
Offene Immobilienfonds	Geringe Risiken, eher niedrige Renditechancen, lange Kündigungsfrist, hoher Ausgabeaufschlag von 5 bis 6 Prozent	**Wenig geeignet** für den langfristigen Vermögensaufbau aufgrund der eingeschränkten Verfügbarkeit und der hohen Ausgabeaufschläge.
Geldmarktfonds	Geringe Risiken, niedrige Renditechancen	**Nicht sinnvoll,** ein gebührenfreies Tagesgeldkonto ist die bessere Wahl.
Dachfonds	Chancen und Risiken hängen von der Anlagestrategie des Fonds ab	**Nicht sinnvoll** aufgrund der hohen internen Kosten.

Gemanagte Fonds oder ETF: Was ist besser?

Wenn es um die Auswahl der einzelnen Wertpapiere geht, gibt es zwei Kategorien von Fonds: die aktiv gemanagten Fonds und die börsennotierten Indexfonds. Letztere bezeichnet man auch als ETF, das ist die Abkürzung für „Exchange Traded Funds".

Wird ein Fonds aktiv gemanagt, gibt zunächst das interne Regelwerk vor, welche Wertpapiere infrage kommen – etwa Aktien von Großunternehmen aus der Eurozone. Innerhalb dieses Rahmens entscheidet das Fondsmanagement über den Kauf und Verkauf einzelner Aktien. Die Fondsgesellschaft benötigt also Analysten und Fondsmanager, deren Kosten aus den jährlichen Verwaltungsgebühren finanziert werden.

Ganz anders hingegen bei ETF: Diese Fonds machen es sich zunutze, dass es für praktisch jedes wichtige Segment am Kapitalmarkt einen Index gibt, der einen schnellen Überblick über die durchschnittliche Kursentwicklung ermöglicht. In Deutschland ist der wichtigste Aktienindex der Dax, der die Kursentwicklung der 40 wichtigsten deutschen Aktiengesellschaften zusammenfasst. Daneben gibt es allein in Deutschland noch etliche weitere Aktienindizes wie den MDax für mittelständische Aktiengesellschaften oder den TecDax für Technologie- und IT-Unternehmen.

Mit diesen Daten als Basis übernimmt ein Computeralgorithmus die Zusammenstellung des Portfolios, also der Anlageprodukte. Mehr braucht es auch nicht, denn der ETF bildet einfach die Zusammensetzung des dazugehörigen Wertpapierindex nach. Ob einzelne Aktien besonders aussichtsreich erscheinen oder nicht, interessiert nicht. Weil kein aktives Management bezahlt werden muss, fallen bei ETF weniger Kosten an. Die jährlichen Verwaltungsgebühren sind oft 90 Prozent günstiger als bei einem aktiv gemanagten Fonds.

Daraus ergibt sich die Frage: Bieten aktiv gemanagte Fonds oder ETF die besseren Renditechancen? Für aktiv gemanagte Fonds spricht, dass das Fondsmanagement bei einer glücklichen Auswahl eine höhere Rendite erzielen kann als ein ETF. Doch dafür müssen Sie höhere Kosten in Kauf nehmen. Außerdem hat die langjährige Praxis gezeigt: Den allerwenigsten aktiv gemanagten Fonds gelingt es, über einen längeren Zeitraum besser abzuschneiden als der vergleichbare Aktienindex.

→ Setzen Sie auf ETF

ETF sind gerade für Einsteigerinnen und Einsteiger ideal. Sie sind kostengünstig und transparent. Welche Aktien ein ETF enthält, zeigt ein Blick auf den zugehörigen Index. Und Sie müssen nicht ständig auf der Hut sein und schauen, ob das Management Ihres Fonds alles richtig macht oder doch zu den vielen gehört, die schlechter als der Index abschneiden.

Aktien-ETF: Der ideale Einstieg in den Vermögensaufbau

Mit Aktien-ETF profitieren Sie von den langfristigen Renditechancen des Aktienmarktes. Je länger Sie Ihr Geld investiert lassen, umso besser gleichen sich die Kursschwankungen aus.

Aktien-ETF sind ideal für den langfristigen Vermögensaufbau. Allerdings kommt es darauf an, den richtigen zu wählen, denn ETF ist nicht gleich ETF. Je nach dem zugrunde liegenden Index kann die Aktienmischung ganz unterschiedlich ausfallen.

Da bei der Aktien- und somit auch bei der Fondsanlage die Risikostreuung ganz besonders wichtig ist, sollten Sie einen ETF bevorzugen, der auf einen breit gefächerten Mix setzt. Damit sind ETF mit weltweiter Ausrichtung und ohne Brancheneinschränkung erste Wahl beim Sichten der Kandidaten. Branchen- oder Regionen-ETF können eine Ergänzung darstellen, wenn Sie schon mit einem weltweit investierenden ETF ein größeres Vermögen aufgebaut haben und bestimmte Länder oder Wirtschaftssegmente für besonders aussichtsreich halten. Dann können etwa 10 Prozent des Fondsvermögens in solche Nischenfonds fließen. Solche Beimischungen sind jedoch immer ein Kann für alle, denen es Spaß macht, sich mit Geldanlage zu beschäftigen, und niemals ein Muss.

Welchen Index wählen?

Viele kennen den Dax als Leitindex der deutschen Aktienbörse. Doch angesichts der Tatsache, dass Sie Ihren ETF am besten global ausrichten, sollten Sie in weltweite Aktienindizes investieren. Das sind insbesondere die folgenden Indizes:

- MSCI World
- FTSE Developed
- MSCI All Country World (ACWI)
- FTSE All-World

Wie Sie die passenden ETF zu diesen Indizes wählen, erfahren Sie im folgenden Kapitel.

Nachhaltige ETF: Investieren mit gutem Gewissen

Geld anlegen mit gutem Gewissen: Angesichts des Klimawandels wird Klima- und Umweltschutz immer wichtiger. Kein Wunder, dass immer mehr Menschen den Wunsch haben, mit der Investition ihrer Ersparnisse einen Beitrag zur Verbesserung der ökologischen und sozialen Rahmenbedingungen in Wirtschaft und Industrie zu leisten. Umgekehrt wollen sie auf Wertpa-

Mit der Sparrate auf Weltkonzerne setzen

Ein ETF-Sparplan auf den Aktienindex MSCI World ermöglicht es, sich an etwa 1 600 Unternehmen aus aller Welt zu beteiligen. Eine Sparrate von 100 Euro fächert sich zurzeit unter anderem auf folgende Aktien auf.

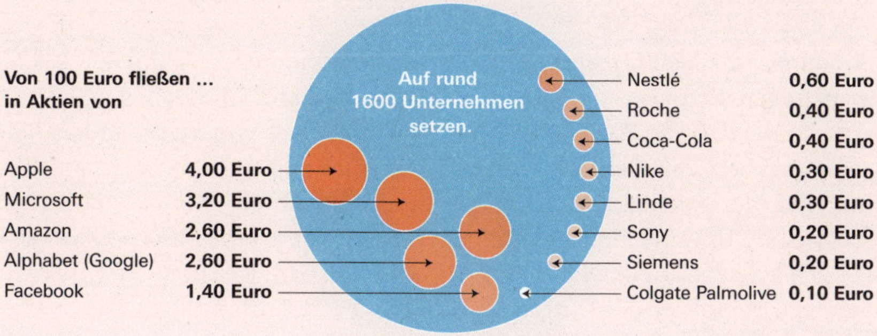

Quelle: MSCI. Stand: 31. März 2021

piere von Unternehmen verzichten, wenn diese Umweltstandards missachten oder unfair mit Mitarbeiterinnen und Mitarbeitern umgehen.

Die hohe Nachfrage nach ökologischen und ethischen Investments hat dazu geführt, dass Aktienindizes entwickelt wurden, bei denen die Unternehmen nach Kriterien der Nachhaltigkeit bewertet werden. In der Folge wurden auch die dazugehörigen ETF auf den Markt gebracht, sodass Ihnen mittlerweile für den Vermögensaufbau mit ETF ein breit gefächertes Angebot an ökologisch und sozial orientierten ETF zur Verfügung steht.

Bei der Auswahl der Aktien achten die Indexanbieter darauf, was die jeweiligen Unternehmen tun, um die Umwelt zu schützen, Ressourcen sparsam einzusetzen und die Belegschaft fair zu behandeln. Je mehr Verantwortungsbewusstsein ein Unternehmen an den Tag legt, umso größer ist seine Chance auf Aufnahme in den Index, auch wenn Wettbewerber mehr Umsatz machen oder eine höhere Börsenkapitalisierung vorweisen können.

Ausschlussverfahren oder Best-in-Class-Ansatz?

Bei der Fonds- und Aktienanlage müssen die Unternehmen bestimmte Voraussetzungen erfüllen, wenn sie in ein Nachhaltigkeits-Portfolio aufgenommen werden wollen. Dabei gibt es zwei Verfahren, die auch miteinander kombiniert werden können.

- **Ausschlussverfahren.** Wer das Ausschlussverfahren praktiziert, schließt Unternehmen vom Investment aus, wenn diese in problematischen Geschäftsfeldern aktiv sind. Bei einer strengen Auslegung kann dies dazu führen, dass ganze Branchen wie beispielsweise Rohstoffgewinnung, Chemie, Airlines oder Automobilbau wegfallen. Damit steigt das Risiko, dass sich der ETF nur auf wenige Branchen konzentriert und dadurch anfälliger für starke Wertschwankungen wird.

- **Best-in-Class-Ansatz.** Dieser Bewertungsprozess basiert auf einer Rangliste. Innerhalb der jeweiligen Branche wird bei jedem Unternehmen geprüft, wie es sich in Bezug auf die Nachhaltigkeit verhält. Der schonende Umgang mit Umwelt und Ressourcen fließt ebenso in die Bewertung mit ein wie der Umgang mit Mitarbeitern und Gewerkschaften. Je besser ein Unternehmen die einzelnen Kriterien erfüllt, umso mehr Pluspunkte bekommt es. Am Ende werden die Unternehmen mit den meisten Pluspunkten in den Index aufgenommen. Doch auch dieser Ansatz hat eine Schwäche: In Problembranchen wie der Ölförderung oder dem Automobilbau schaffen es Unternehmen vor allem deshalb in den Index, weil die direkten Konkurrenten noch schlechter mit der Umwelt umgehen – weniger schlimm ist dann schon gut genug. Folglich muss der nachhaltige Ölkonzern noch lange kein grüner Engel sein, weil er sich nicht mit sauberen Energieträgern, sondern nur mit anderen Ölfirmen vergleichen lassen muss.

Die meisten Nachhaltigkeitsindizes sind nach dem Best-in-Class-Ansatz aufgebaut. Darüber hinaus werden häufig Aktien von Unternehmen ausgeschlossen, die einen nennenswerten Anteil ihrer Umsätze mit Rüstungsprodukten, Atomkraft, Alkohol, Tabakwaren oder Glücksspiel erzielen. Allerdings werden von vielen Indexanbietern Unternehmen erst dann ausgeschlossen, wenn der Anteil an problematischen Geschäftsfeldern eine Mindestschwelle überschreitet. Gängige Limits sind 5 oder 10 Prozent des Gesamtumsatzes. Das kann jedoch konkret bedeuten, dass es die Aktien eines Konsumgüterherstellers in einen Nachhaltigkeitsfonds schaffen, der 8 Prozent seines Umsatzes mit Zigaretten erwirtschaftet – oder dass sich ein Energieversorger mit dem Nachhaltigkeits-Etikett schmücken darf, auch wenn er in geringem Umfang noch Kernkraftwerke betreibt.

→ Den passenden ETF finden

Bevor Sie sich für einen bestimmten Nachhaltigkeits-ETF entscheiden, sollten Sie die Auswahlkriterien der verschiedenen Indexanbieter kritisch prüfen. Letztlich liegt es dann an Ihnen zu entscheiden, ob Sie einen ETF mit einer großzügigeren Auslegung und dafür breit gestreutem Portfolio oder eher einen strengeren ETF mit eingeschränkter Aktienauswahl bevorzugen. Unsere Tests helfen Ihnen dabei. Einen Test zu Nachhaltigkeits-ETF finden Sie gegen ein geringes Entgelt unter test.de/oekofonds. Eine kleine Auswahl nachhaltiger ETF erhalten Sie im Hilfeteil auf S. 172.

Riester-Sparen

Beim Riester-Sparen locken staatliche Zulagen und Steuervorteile. Doch die Verträge sind recht kompliziert.

Mit Riester-Sparverträgen sollen wir die Möglichkeit erhalten, die Einkommenslücke im Rentenalter mit staatlicher Förderung zumindest teilweise zu schließen. Benannt wurde diese Anlageform nach dem früheren Bundesarbeitsminister Walter Riester, unter dessen Federführung das Riester-Sparen einst entwickelt wurde.

Die Grundidee: Wir zahlen eigene Raten in einen Anlagevertrag ein, der Staat stockt das Guthaben mit Zuschüssen auf, und nach dem Eintritt in den beruflichen Ruhestand wird daraus eine lebenslange monatliche Extrarente. So weit, so einfach. Doch dabei herausgekommen ist ein ziemlich kompliziertes Finanzkonstrukt in verschiedenen Varianten, deren Vor- und Nachteile nicht immer gleich ersichtlich sind.

Allen Riester-Anlageformen gemeinsam sind die Rahmenbedingungen, die für die Förderung erfüllt werden müssen:

- das Anlageprodukt muss vom Staat mit der Riester-Zertifizierung versehen sein,
- der Produktanbieter muss den Erhalt der eingezahlten Sparraten bis zum Rentenbeginn garantieren,
- Sparer müssen Pflichtmitglied in der gesetzlichen Rentenversicherung oder verbeamtet sein,
- beim Renteneintritt dürfen Sparer maximal 30 Prozent des Guthabens sofort entnehmen, und
- das verbleibende Guthaben muss in eine lebenslange Rentenzahlung umgewandelt werden.

Die staatlichen Zulagen sind allerdings kein Geschenk, sondern nur ein Vorschuss – denn die Rente aus einem Riester-Sparplan müssen Sie später einmal in voller Höhe versteuern. Das ist ein Nachteil gegenüber einer privaten Rentenversicherung, von der bei Auszahlungsbeginn mit 65 Jahren nur 18 Prozent der monatlichen Auszahlungen steuerpflichtig sind.

Damit wird schon mal klar: Wenn Sie Ihre Zukunft in der beruflichen Selbstständigkeit sehen, ist das Riester-Sparen eher nichts für Sie – denn nur die wenigsten Selbstständigen sind Pflichtmitglied in der gesetzlichen Rentenversicherung. Aber auch wenn Sie die Voraussetzungen erfüllen, sollten Sie sich gut überlegen, ob das Riester-Sparen für Sie geeignet ist. Wichtige Kriterien sind dabei die Höhe der Förderung und die Renditechancen des Sparvertrags.

Riester-Förderung: Zulagen und Steuervorteil

Beim Riester-Sparen erhalten Sie auf Ihre jährlichen Sparleistungen Grundzulage sowie für jedes kindergeldberechtigte Kind noch eine Kinderzulage. Die Grundzulage beträgt 175 Euro pro Jahr. Für Kinder, die 2008 oder später zur Welt gekommen sind, gibt es eine Zulage von 300 Euro pro Jahr, für davor geborene beträgt sie nur 185 Euro. Eine einmalige Extrazahlung von 200 Euro gibt es für junge Sparer, die ihren Riester-Vertrag vor dem 25. Geburtstag abschließen.

Allerdings gibt es die volle Zulage nur, wenn Sie jährlich 4 Prozent Ihres Vorjahreseinkommens in den Riester-Vertrag einzahlen. Haben Sie beispielsweise im letzten Jahr brutto 40 000 Euro verdient, dann müssten Sie 1 600 Euro abzüglich der Ihnen zustehenden Zulage einzahlen. Für ledige Sparer würde daraus eine Sparleistung von 1425 Euro Eigenbeitrag plus 175 Euro Zulage resultieren. Wenn Sie weniger sparen, dann wird die Zulage anteilig gekürzt.

Zusätzlich zu den Zulagen kann es eine Steuervergünstigung geben, weil Sie in Ihrer Einkommensteuererklärung Ihre Riester-Sparbeiträge im Rahmen der Sonderausgaben als Aufwendungen für die Altersvorsorge geltend machen können. Hierbei prüft das Finanzamt, ob für Sie der daraus resultierende Steuerabzug oder die erhaltene Zulage günstiger ist. Wenn der Steuervorteil geringer ist als die Zulage, dürfen Sie die Zulagen behalten. Ist der Steuervorteil höher, erstattet Ihnen das Finanzamt die Differenz zwischen Steuervorteil und Zulage zurück.

Beispiel: Milena ist Single und hat keine Kinder. So wirkt sich der Steuervorteil durch Sonderausgabenabzug für sie aus:

Bruttoeinkommen im Vorjahr	40 000 Euro
Eigene Riester-Sparbeiträge	1 425 Euro
Riester-Zulage	175 Euro
Steuervorteil	369 Euro
Gesamte Förderung	**544 Euro**

Die Förderquote bezogen auf Milenas eigene Beiträge beträgt somit 38 Prozent.

Die Beispielrechnung zeigt, dass Ledige ihre vergleichsweise niedrige Riester-Zulage mit dem Steuervorteil aufstocken können. Effektiv übernimmt dann der Staat gut ein Drittel der Sparleistung. Allerdings ist der Förderanteil im Vergleich zu Familien immer noch recht bescheiden: Bei gleichem Einkommen würde eine Familie mit zwei ab 2008 geborenen Kindern 775 Euro Zulage erhalten und müsste nur noch 825 Euro selbst einzahlen. Dies entspricht einer Förderquote von gut 48 Prozent.

Welche Riester-Produkte gibt es?

Riester-Sparverträge gibt es in unterschiedlichen Varianten. Allen gemeinsam ist, dass der Erhalt des Kapitals zum Zeitpunkt des Renteneintritts garantiert und – mit Ausnahme von Wohn-Riester – mit Rentenbeginn die Umwandlung in eine lebenslange Leibrente vorgesehen ist. Im Überblick:

- **Riester-Rentenversicherungen.** Hier handelt es sich um Versicherungssparpläne, die wie herkömmliche private Rentenversicherungen aufgebaut sind. Sie bringen vergleichsweise magere Renditen und sind mit recht hohen Kosten belastet.
- **Riester-Fondssparpläne.** Hier handelt es sich um Fondssparpläne, aber mit gebremster Rendite, weil die Kapitalgarantie zum Laufzeitende Geld kostet.
- **Riester-Fondspolicen.** Bei diesen Angeboten fließt häufig ein Teil in eine klassische Rentenversicherung und ein Teil in Fonds. Die Kosten sind durch die doppelte „Verpackung" häufig höher als bei reinen Fondssparplänen.
- **Riester-Banksparpläne.** Auch reine Banksparpläne können riesterfähig sein. Allerdings wird diese Variante seit der extremen Niedrigzinsphase praktisch nicht mehr angeboten.
- **Wohn-Riester.** In der ersten Phase schließen Sie einen Riester-Bausparvertrag ab, um Eigenkapital für einen späteren Erwerb eines Eigenheims zu bilden und sich gleichzeitig das Recht auf den späteren Bausparkredit zu sichern. In der zweiten Phase wird nach dem Eigenheimerwerb der Kredit nach und nach zurückgezahlt, wobei auch die Rückzahlung mit Riester-Zulagen gefördert wird. Die Besteuerung im Rentenalter erfolgt dann auf den fiktiven Wohnwert des geförderten Eigenheimanteils.

Passt ein Riester-Sparplan zu mir?

Der staatlichen Förderung stehen beim Riester- Sparen die eingeschränkte Flexibilität, die Beschränkung auf wenige Anlageformen sowie die Steuernachteile später im Rentenalter gegenüber. Für junge Leute, die noch nicht so viel verdienen und auch keine Kinder haben, ist der Anteil an staatlichen Zulagen im Vergleich zu Familien mit Kindern eher gering, und sie profitieren auch noch nicht so stark von der steuerlichen Förderung. Wenn bei Ihnen noch viele Zukunftsfragen offen sind, ist es daher meist sinnvoll, das Riestern erst einmal so lange zurückzustellen, bis mehr Klarheit in Ihrer Lebens- und Familienplanung herrscht.

→ Fonds oder Bausparvertrag?

Wenn Sie einen Riester-Sparplan abschließen wollen, kommt am ehesten ein Riester-Fondssparplan infrage. Mit dieser Variante können Sie langfristig von der Entwicklung der Aktienmärkte mitprofitieren. Versicherungssparpläne bringen hingegen für langfristig orientierte Sparer nur eine bescheidene Rendite. Ein Riester-Bausparvertrag ist nur für diejenigen empfehlenswert, die bereits den Erwerb der eigenen vier Wände fest im Blick haben und dafür gezielt Eigenkapital bilden wollen.

Versicherungssparen

Private Lebens- und Rentenversicherungen sind sehr beliebt. Zu Unrecht, denn sie bringen mehr Nachteile als Vorteile.

Kapitallebens- und Rentenversicherungen waren lange Zeit eine beliebte Kapitalanlage, die zwar eher mäßige Renditen brachte, aber dafür praktisch frei von Verlustrisiken war – vorausgesetzt, die Sparer hielten die oft über Jahrzehnte laufenden Sparverträge durch. Das System funktionierte, solange sichere Euro-Staatsanleihen noch 4 oder 5 Prozent Zinsen brachten. Dann konnten Versicherer mit ihrem Kapitalanlagenmix aus sicheren Anleihen plus einem kleinen Anteil an Immobilien und Aktien ihren Anlegern einen stetigen Wertzuwachs bieten.

Doch seit sich die Zinsen für sichere Geldanlagen nahe null bewegen, haben die Versicherungsunternehmen ein Problem: Nach Abzug der nicht unerheblichen Kosten etwa für die Provisionen der Versicherungsvermittler oder die Verwaltung bleibt kaum noch Rendite übrig, die man an die Versicherungssparerinnen und -sparer weiterleiten kann. Daher ist in den vergangenen Jahren diese Anlageform weitgehend uninteressant geworden. Wir erläutern sie nur kurz, damit Sie wissen, worum es sich handelt, falls jemand versucht, Ihnen einen solchen Vertrag zu verkaufen.

Klassische Renten- und Kapitallebensversicherungen

Die private Rentenversicherung ist eine Kombination aus Sparplan und späterem Anspruch auf eine lebenslange monatliche Rente. Die Einzahlungen der Kunden fließen nach Abzug der Kosten für Vertrieb und Verwaltung in den sogenannten Kapitalstock des Versicherungsunternehmens. Dort werden die Gelder auf die oben beschriebene Weise vor allem in risikoarme Kapitalanlagen investiert. Am Ende der Spardauer können die Versicherungsnehmer entscheiden, ob sie das angesparte Kapital ausgezahlt oder in eine lebenslange Rente umgewandelt bekommen möchten.

Nach demselben Prinzip funktioniert auch die Kapitallebensversicherung. Allerdings ist hier noch die Absicherung im Todesfall integriert: Wenn die versicherte Person während der Ansparphase verstirbt, bekommen die Hinterbliebenen eine feste Summe ausgezahlt, auch wenn die Summe der Einzahlungen noch weitaus niedriger ist. Das kostet aber Rendite. Denn das Versicherungsunternehmen zieht von den Einzahlungen eine Risikoprämie ab, bevor es das Geld investiert.

Fondsgebundene Versicherungen

Für risikobereitere Anleger bieten Versicherungen Sparpläne an, bei denen das Anlegergeld nicht in den Kapitalstock, sondern in Investmentfonds fließt. Diese Konstruktion bezeichnet man als fondsgebundene Versicherung oder Fondspolice. Angeboten werden sowohl Renten- als auch Lebensversicherungen.

Allerdings entsteht durch das Einpacken der Fonds in den Versicherungsmantel eine zweite Kostenebene: Neben den Verwaltungsgebühren der Fonds fallen noch die Vertriebs- und Verwaltungskosten der Versicherung an. Damit bietet die Fondspolice im Vergleich zum reinen Fondssparplan meist keinen Mehrwert, sondern nur eine zusätzliche Kostenbelastung.

Mangelnde Transparenz und Flexibilität

Egal, ob klassisch oder fondsgebunden: Versicherungssparpläne bringen aufgrund ihrer intransparenten Konstruktion und der mangelnden Flexibilität gravierende Nachteile mit sich.

So lässt sich kaum nachvollziehen, welche Kosten die Unternehmen tatsächlich von den Einzahlungen einbehalten und welcher Anteil letztlich investiert wird. Während Sie beispielsweise bei der Anlage in Investmentfonds schon vorher wissen, wie viel Geld in den Ausgabeaufschlag, die Fondsverwaltung und an die Depotbank fließt, ist die Versicherung praktisch eine Black Box.

Noch bedeutsamer für junge Menschen ist die fehlende Flexibilität beim Versicherungssparen. Sie legen schon beim Vertragsabschluss eine feste Monatsrate fest, die Sie dann über 30 Jahre oder noch länger durchhalten müssen. Zwar ist es möglich, die Raten vorübergehend auszusetzen, nicht jedoch sie zu erhöhen oder zu reduzieren oder das Guthaben mit zusätzlichen Einzahlungen aufzustocken. Sie können zwar vorzeitig kündigen. Allerdings geht dann ein großer Teil der Rendite verloren, bei einer Kündigung in den ersten Jahren nach Vertragsabschluss kann sogar ein Teil der Einzahlungen weg sein.

→ Lieber gleich ETF

Statt Ihre Fonds in eine Versicherungspolice zu verpacken, sollten Sie lieber gleich einen reinen ETF-Sparplan wählen. Damit sparen Sie Kosten und können Ihr Fondsvermögen viel flexibler umschichten oder aufstocken als mit einer fondsgebundenen Versicherung.

Crowdinvesting, Bitcoin und Robo-Advisor

Die Digitalisierung hat längst die Welt der Finanz- und Anlageprodukte erreicht. Doch nicht alles ist empfehlenswert.

Die Digitalisierung ist ein Megatrend, der auch die Banken- und Finanzbranche in den vergangenen Jahren ganz gewaltig verändert hat. Beratung per Video-Chat, Onlinekontoführung und kontaktloses Bezahlen mit dem Smartphone sind nur ein paar Beispiele für die Neuentwicklungen, die im Finanzsektor Einzug gehalten haben.

Die Verknüpfung zwischen Finanzwelt und Internet hat nicht nur etablierte Bankprodukte verändert, sondern auch ganz neue Möglichkeiten hervorgebracht. Doch wie bei so vielem gilt auch hier: Nicht alles Neue ist zwangsläufig besser als das, was es bisher schon gibt.

Crowdinvesting

Crowdinvesting ist eine digitale Anlageform, bei der Unternehmen das Fremdkapital für ihre Investitionsprojekte über Internet-Plattformen bei einer Vielzahl an privaten Anlegerinnen und Anlegern einwerben. Je nach Finanzierungsmodell erhalten diese eine feste oder erfolgsabhängige Verzinsung. Unterschiedliche Modelle gibt es auch bei der Laufzeit: Manche Crowdinvesting-Anlagen haben einen festen Rückzahlungstermin, ein großer Teil sieht jedoch eine mehrjährige Mindestanlagedauer mit anschließender Kündigungsfrist vor. Kündigen können in letzterem Fall sowohl die Anleger als auch die Anbieter.

Nicht zu verwechseln ist Crowdinvesting mit dem ebenfalls auf Onlineplattformen angebotenen Crowdfunding. Der Unterschied: Während Sie beim Crowdfunding meist ein vom Unternehmen angebotenes Produkt vorbestellen und den Betrag im Voraus für die Produktion oder Beschaffung zur Verfügung stellen, geben Sie beim Crowdinvesting den Anbietern einen Kredit.

Die Unternehmen nutzen somit die Crowdinvesting-Plattformen, um ohne Bank Kredite für ihre Investitionen einzuwerben. Das ist an sich nichts Schlechtes, und die Auswahl ist groß. Interessierte können sich etwa an Immobilienprojekten beteiligen oder Start-ups oder ökologische und soziale Unternehmensprojekte mitfinanzieren. Oft werben die Plattformen und Kapitalsuchenden mit Renditen, die weit oberhalb der üblichen Verzinsung für Tages- und Festgeldkonten liegen.

Allerdings gilt auch beim Crowdinvesting das Gesetz des Kapitalmarktes, nach dem überdurchschnittliche Renditechancen mit entsprechend höheren Verlustrisiken erkauft werden. In erster Linie handelt es sich dabei um das Insolvenzrisiko: Geht das mit Crowd-Kapital finanzierte Unternehmen pleite, fällt das angelegte Geld in die Insolvenzmasse. Ein Sicherungssystem wie bei Bankguthaben gibt es in diesem Marktsegment nicht. Da es sich bei den finanzierten Unternehmen häufig um vergleichsweise junge Firmen mit wenig Eigenkapital handelt, sollten Sie diese Gefahr nicht auf die leichte Schulter nehmen.

Ein weiterer Knackpunkt ist die oft fehlende Transparenz, wenn es um Informationen über die Zahlungsfähigkeit der jeweiligen Unternehmen geht. Zwar versuchen die Plattformen, mit der Veröffentlichung von Berichten, Filmen oder Interviews ihre Projekte ausführlich darzustellen. Allerdings ist es schwierig zu erkennen, ob es sich um neutrale Informationen handelt oder ob die Projekte möglichst attraktiv dargestellt werden, um Investoren zu gewinnen.

> **Gut zu wissen**
>
> **Bleiben Sie vorsichtig!**
> Wenn Sie Crowdinvesting als Kapitalanlage in Erwägung ziehen, sollten Sie sich die Präsentationen der einzelnen Unternehmen mit kritischem Blick betrachten. Recherchieren Sie nach Möglichkeit noch selbst, wie lange diese schon am Markt agieren und ob Probleme öffentlich bekannt sind. Darüber hinaus ist es ratsam, lieber kleine Beträge über mehrere Investments zu streuen, als höhere Summen in ein einzelnes Projekt zu stecken. Damit lässt sich vermeiden, dass beim Scheitern des Projekts gleich das ganze Investment verloren geht.

Robo-Advisor

Treffen Menschen oder Maschinen die besseren Entscheidungen? Mit der Weiterentwicklung der künstlichen Intelligenz (KI) hat dieses Thema auch die Vermögensverwaltung erreicht. Viele Banken bieten inzwischen computergesteuertes Vermögensmanagement an, bei dem das angelegte Geld je nach Markteinschätzung des Algorithmus innerhalb der Aktien-, Anleihen- und Rohstoffmärkte umgeschichtet wird.

Diese Modelle bezeichnet man als Robo-Advisor. Die Software wird zunächst mit einer großen Menge an Wirtschafts- und Finanzdaten gefüttert, und diese werden in komplexen Algorithmen bewertet und interpretiert. Auf Basis historischer Erfahrungswerte errechnet dann der Robo-Advisor, ob innerhalb des Anlagevermögens Umschichtungen erforderlich sind oder ob die einzelnen Anlageklassen wie Aktien, An-

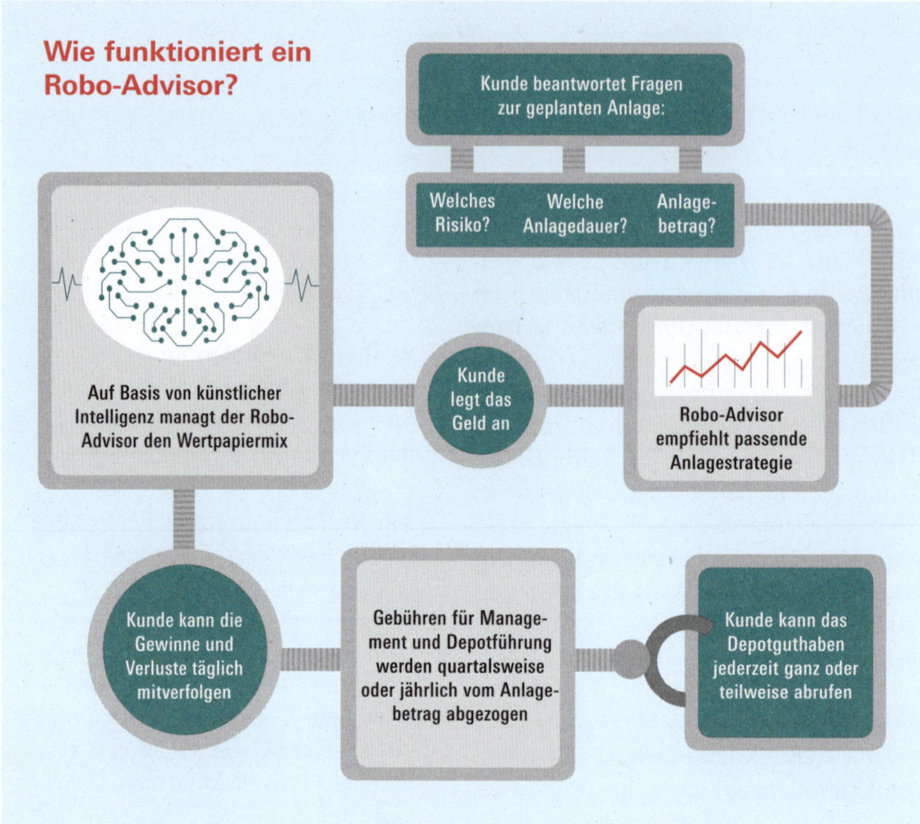

leihen und Rohstoffe neu gewichtet werden sollen. Die Ergebnisse lösen entweder gleich die entsprechenden Kauf- und Verkaufsaufträge aus oder werden an ein Investment-Team weitergeleitet, das die Aufträge zusammenfasst und an der Börse platziert.

Die Roboter-Alternative zur menschlichen Vermögensverwaltung bringt vor allem auf der Kostenseite handfeste Vorteile. So sind die Gebühren vergleichsweise niedrig, weil keine Personalkosten für Management und Analysten entstehen. Meist liegen die jährlichen Gebühren bei knapp einem Prozent des Anlagebetrags. Darüber hinaus setzen viele Anbieter bei ihren Mischungen auf ETF, die auch auf der Anlageebene nur geringe Kosten verursachen. Ebenfalls vorteilhaft sind die Mindestanlagesummen, die im Vergleich zur klassischen Vermögensverwaltung sehr niedrig ausfallen. Die Untergrenze liegt je nach Anbieter meist bei 3 000 bis 10 000 Euro. Zum Vergleich: Klassische Vermögensverwaltungsunternehmen verlangen oft 50 000 oder 100 000 Euro als Mindestanlagesumme.

Bislang unbeantwortet bleibt jedoch die Frage, ob Ihnen ein Robo-Advisor auf lange Sicht tatsächlich eine höhere Rendite bringt als ein Portfolio, das Sie selbst aus ETF und Tages- oder Festgeldern zusammenstellen.

Weil die Anbieter noch nicht lange am Markt aktiv sind, fehlt die langfristige Renditehistorie. Allerdings zeigte die Wertentwicklung im Corona-Jahr 2020 mit seinen Turbulenzen am Aktienmarkt, dass die Algorithmen Licht und Schatten produzieren können: Bei aktienlastigen Anlagemodellen reichten die Renditen der Anbieter von minus 10 bis plus 19 Prozent.

Bitcoin, Ethereum und andere Kryptowährungen

Ob Bitcoin, Ethereum oder Litecoin – sogenannte Kryptowährungen sind mittlerweile in aller Munde. Wer noch kein digitales „Wallet" mit dem neuen Internetgeld besitzt, muss sich fast schon fragen, ob er einen Trend verpasst hat. Doch wie so häufig ist die schnell wachsende Popularität nicht zwangsläufig ein Garant für ein solides Investment. Auch hier gilt die wichtigste Grundregel für Kapitalanleger: Bevor Sie sich für ein Produkt entscheiden, sollten Sie dessen Funktionsweise und die damit einhergehenden Chancen und Risiken kennen.

Erstes Kernstück der meisten Kryptowährungen ist die sogenannte Blockchain. Hierbei handelt es sich um eine Datenbank, die dezentral auf viele Tausend Computer von einzelnen Nutzerinnen und Nutzern verteilt ist. Mit jeder Transaktion wird ein verschlüsselter Datenblock erzeugt, der wie bei einer Kette an den vorhergehenden Block angekoppelt wird – daher der Begriff „Blockchain". Daraus resultiert ein hochverschlüsseltes Buchhaltungssystem, über das die einzelnen Nutzer Transaktionen ohne Einschaltung einer Bank abwickeln können, indem sie sich gegenseitig einen neuen Datenblock zuschicken.

Das zweite Kernstück ist das Regelwerk, das festlegt, auf welche Weise neues Geld erzeugt werden darf. Während diese Aufgabe bei regulären Währungen der zuständigen Zentralbank zufällt, bestimmt bei der Kryptowährung deren Herausgeber über die Art und Weise der digitalen Geldschöpfung. Im Falle des Bitcoins dürfen einzelne Nutzerinnen und Nutzer neues Geld erzeugen, indem ihre Computer mit hohem Rechenaufwand bestimmte Aufgaben erfüllen. Je mehr Bitcoins bereits vorhanden sind, umso aufwendiger wird die Produktion neuen Geldes, um den Anstieg der Geldmenge nach und nach zu verlangsamen. Dieser Vorgang wird als „Mining" bezeichnet. Die maximale Geldmenge ist beim Bitcoin unwiderruflich auf 21 Millionen Einheiten begrenzt.

Im strengen Sinn handelt es sich beim Bitcoin nicht um eine Kapitalanlage.

Wenn Sie sich nun fragen, mit welchen realen Gegenwerten die Bitcoins gedeckt sind, lautet die ebenso einfache wie ernüchternde Antwort: Mit nichts. Ursprüngliches

Ziel der Bitcoin-Entwickler war im Jahr 2009, ein anonymes und bankenunabhängiges Zahlungssystem für Onlinetransaktionen zu schaffen, im Vordergrund stand eher der digitale Tauschhandel und nicht die Kapitalanlage. Im strengen Sinn handelt es sich beim Bitcoin auch nicht um eine Kapitalanlage.

Doch durch die Verknappung der Bitcoin-Geldmenge stieg der Umtauschkurs immer wieder an, wenn die Nachfrage das Angebot überstieg – und das lockte neue Investoren, deren Kaufinteresse den Kurs wiederum neu befeuerte. Bei hoher Nachfrage kann dies zu starken Kursgewinnen führen. Allerdings kann der Kurs der digitalen Währung ebenso schnell wieder einbrechen, wenn die Zahl der Neuerwerber rückläufig ist. Heftige Kursausschläge von 50 Prozent oder mehr nach oben und unten sind beim Bitcoin und anderen Kryptowährungen keine Seltenheit.

Vorsicht Hacker

Ein weiteres Risiko wird häufig unterschätzt: Wer Guthaben in einer Kryptowährung besitzt, kann von Hackern bestohlen werden oder bei einem Verlust der digitalen Schlüssel sein Geld schlicht nicht mehr verwenden. Beliebtes Angriffsziel für kriminelle Hacker sind Online-Handelsplätze, wo Besitzer von Kryptowährungen ihre Guthaben ähnlich wie Wertpapiere im Bankdepot verwalten. Diese werden auch als „Onlinewallets" bezeichnet. Allerdings unterliegen diese privaten Börsen keiner staatlichen Aufsicht und legen die Regeln im Falle eines Diebstahls von Kundenguthaben jeweils selbst fest. Bevor Sie sich für einen Wallet-Dienstleister entscheiden, sollten Sie daher kritisch prüfen, ob und in welchem Umfang Sie dort bei einem digitalen Raubzug abgesichert sind.

Auch der Verzicht auf einen Online-Dienstleister zugunsten einer Software-Wallet-Lösung auf dem eigenen Computer ist nicht frei von Risiken. Wenn Sie die Wallet-Daten nicht separat und sicher speichern, riskieren Sie bei einem Festplattendefekt den Verlust Ihrer Daten und damit auch Ihres Krypto-Geldes. Fachleute schätzen: Rund 20 Prozent der bislang erzeugten Bitcoins sind aufgrund von Datenverlusten oder versehentlichen Löschungen unwiederbringlich schlicht verloren gegangen.

Das Investment in Bitcoins oder andere Kryptowährungen ist somit ein Abenteuer mit ungewissem Ausgang. Mangels Rückdeckung durch staatliche oder private Vermögenswerte basiert die Bewertung von Internet-Währungen lediglich auf dem Vertrauen der Menschen. Wenn eine Währung beispielsweise durch die Aufsichtsbehörden verboten oder von den Betreibern aufgelöst wird, bleiben vom Krypto-Geld nur noch ein paar wertlose Datensätze. Damit sind Kryptowährungen eine hochriskante Finanzspekulation und folglich keine Anlage, auf der Sie etwa Ihre Vermögensplanung aufbauen sollten.

Braucht niemand: Überflüssige Geldanlagen

Auf die nachfolgend beschriebenen Anlageprodukte können Sie getrost verzichten. Die Gründe dafür finden Sie in der Tabelle. Im Zweifel können Sie auch die Warnliste Geldanlage der Stiftung Warentest zurate ziehen. Zu finden ist sie online unter test.de/warnliste.

Anlageprodukt	Was steckt dahinter?	Was ist das Risiko?
Anlagezertifikate	Anleihen von Banken, aber die Rückzahlung ist an die Kursentwicklung bestimmter Aktien gebunden.	Intransparent, es ist meist nicht ersichtlich, ob es im Verhältnis zum Verlustrisiko eine faire Renditechance gibt.
Derivate	Wertpapiere, die Wetten auf die Kursentwicklung einzelner Aktien oder Indizes verkörpern.	Zockerpapiere, bei ungünstiger Kursentwicklung droht Totalverlust.
Nicht börsennotierte Wertpapiere	Aktien, Anleihen oder Genussscheine, die nicht an der Börse gehandelt, sondern direkt vom Unternehmen angeboten werden.	Keine Kontrolle durch Börsenaufsicht, hoher Anteil schwarzer Schafe, bei Pleite droht Totalverlust.
Geschlossene Fonds, auch „Alternative Investmentfonds (AIF)" genannt	Beteiligungsmodelle für die Finanzierung von Gewerbeimmobilien, Windparks oder Frachtschiffen mit langen Laufzeiten von 10 Jahren oder mehr.	Intransparent, hohe interne Kosten, kein vorzeitiger Ausstieg möglich. Bei schlechter Ertragsentwicklung Totalverlust möglich.
Finanzvertrieb im Bekanntenkreis	Beteiligungsmodelle, Krypto-Währungen, Mini-Goldbarren, Anlagediamanten und mehr: All das wird gerne über Strukturvertriebe im Bekanntenkreis verhökert. Wer neue Kunden wirbt, bekommt vom Anbieter Provision.	Seriöses ist in der Regel nicht dabei, hohe Verluste sind an der Tagesordnung. Manche Anlagemodelle sind sogar betrügerisch.

Sieben Schritte zum Erfolg

Wie gelingt mir eine Finanzplanung, die wenig Aufwand verursacht und dennoch effizient ist? Mit sieben Schritten gelangen Sie auf einfache Weise zum Erfolg.

In den vorangehenden Kapiteln haben Sie die wichtigsten Informationen über Anlageprodukte, Versicherungen und alltägliche Finanzfragen erhalten. Nun gilt es, das alles so zu sortieren, dass eine fundierte Finanzplanung daraus wird, die Ihre ganz persönliche Situation berücksichtigt. Klingt kompliziert, ist es aber nicht: Mit wenigen Schritten können Sie eine einfache, aber effiziente Finanzplanung aufbauen.

Natürlich gibt es auch aufwendige Methoden bei der privaten Finanzplanung. Dann werden Wertpapierportfolios mit wissenschaftlichen Prozessen abgestimmt, die Kapitalanlagen steuerlich optimiert und beim Feintuning das letzte Hundertstelprozent an Rendite herausgeholt. Doch bei genauerer Betrachtung verbringt man dann häufig den größten Teil der Zeit für die Optimierung der letzten 5 oder 10 Prozent.

Aber es gibt auch eine viel bequemere Alternative, wie Sie Alltagsfinanzen und Vermögensaufbau planen können. Diese „Finanzplanung light" eignet sich für alle, die aus einem normalen Einkommen und Vermögen das Beste machen wollen, ohne dass daraus gleich eine Doktorarbeit wird. Der Trick dabei ist die Fokussierung auf die wenigen Produkte, die Sie wirklich brauchen. Das sind in erster Linie

- ein Girokonto mit Bank- und Kreditkarte,
- ein Tagesgeldkonto,
- eventuell mal ein Abruf- oder Ratenkredit bei größeren Anschaffungen,
- ein ETF-Sparplan für den Vermögensaufbau und
- vielleicht noch ein Bausparvertrag, sofern Sie in den nächsten Jahren den Erwerb einer Immobilie planen.

Dazu kommen noch die Versicherungen, die entweder obligatorisch sind oder Sie vor den wirklich großen Risiken schützen. Mehr brauchen Sie nicht.

Mit der nachfolgend beschriebenen Finanzplanung in sieben Schritten schaffen Sie ein übersichtliches und einfach zu handhabendes System, das sich mit geringem Aufwand verwalten lässt. Weil Sie sich nur um wenige Produkte kümmern müssen, brauchen Sie auch kein Finanzprofi zu sein.

Sieben Schritte zum Erfolg

In sieben Schritten haben Sie Ihre Finanzplanung im Griff. Wichtig ist bei diesem Planungsmodell, dass Sie die Reihenfolge der einzelnen Schritte einhalten.

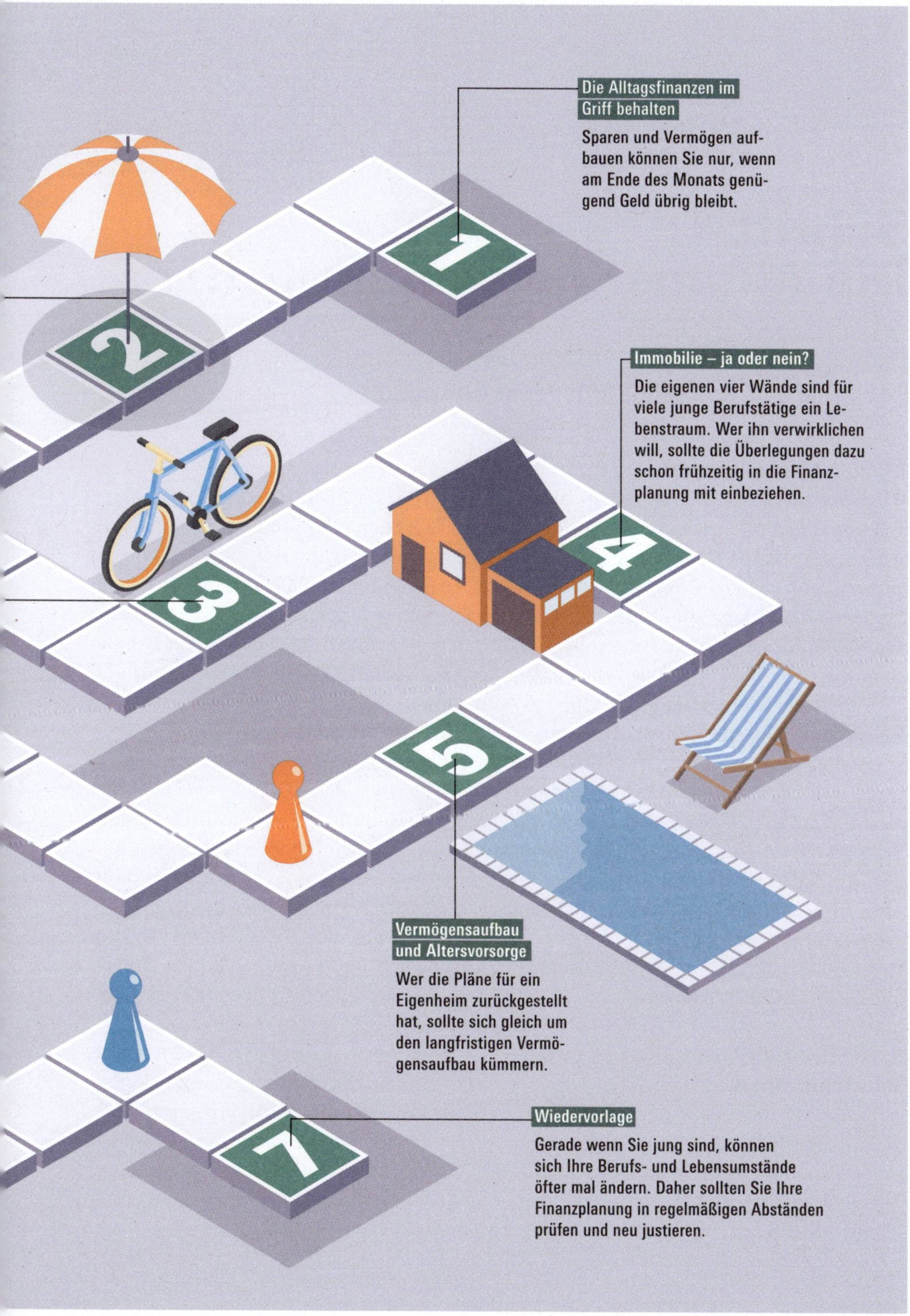

Die Alltagsfinanzen im Griff behalten

Sparen und Vermögen aufbauen können Sie nur, wenn am Ende des Monats genügend Geld übrig bleibt.

Immobilie – ja oder nein?

Die eigenen vier Wände sind für viele junge Berufstätige ein Lebenstraum. Wer ihn verwirklichen will, sollte die Überlegungen dazu schon frühzeitig in die Finanzplanung mit einbeziehen.

Vermögensaufbau und Altersvorsorge

Wer die Pläne für ein Eigenheim zurückgestellt hat, sollte sich gleich um den langfristigen Vermögensaufbau kümmern.

Wiedervorlage

Gerade wenn Sie jung sind, können sich Ihre Berufs- und Lebensumstände öfter mal ändern. Daher sollten Sie Ihre Finanzplanung in regelmäßigen Abständen prüfen und neu justieren.

Schritt 1: Die Alltagsfinanzen im Griff

Sparen und Vermögen aufbauen können Sie nur, wenn am Ende des Monats genügend Geld übrig bleibt.

Das kleine Einmaleins der Betriebswirtschaft sagt: Nur wenn ein Unternehmen dauerhaft mehr Geld einnimmt, als es ausgibt, kann es Gewinn machen und seine Zukunft sichern. Das gilt auch für das „Unternehmen Haushalt". Egal, ob Single oder Familie – am Monatsende sollte von dem, was man an Einkünften erzielt hat, noch ausreichend Geld für die Vorsorge und die schönen Dinge des Lebens übrig sein.

Gerade in der ersten Umbruchphase des Berufslebens, wenn eigenes Geld verdient wird und auf der anderen Seite etwa durch das Auto oder den Auszug aus dem Elternhaus die Ausgaben steigen, ist es empfehlenswert, für einige Monate ein Haushaltsbuch zu führen. Dann bekommen Sie recht schnell ein Gefühl dafür, ob Ihre Ausgaben zu Ihren Einnahmen passen.

Sparpotenziale ausschöpfen und Schulden tilgen

In diesem Buch haben wir einige Möglichkeiten vorgestellt, wie man im Alltag weniger ausgeben kann, ohne dass die Lebensqualität darunter leidet. Diese Tipps können Sie nutzen, um sich finanziellen Freiraum zu verschaffen. Das frei werdende Geld können Sie einsetzen, um Vermögen zu bilden und sich auch mal die eine oder andere Annehmlichkeit zu leisten.

Dringend handeln sollten Sie auf jeden Fall, wenn sich herausstellt, dass Ihre Ausgaben höher sind als die Einnahmen. Bei dieser Konstellation werden zuerst nach und nach Ihre Ersparnisse aufgefressen. Sind diese dann aufgebraucht, beginnt die Verschuldung – und damit dreht sich eine gefährliche Spirale: Zu den Schulden kommen die Zinsen hinzu, die bei ausbleibender Tilgung den Schuldenstand erhöhen und wieder neue Zinsen verursachen. Dann schnappt irgendwann die Schuldenfalle zu, und im schlimmsten Fall droht die Privatinsolvenz. Je früher Sie solchen Entwicklungen entschlossen entgegenwirken, umso schneller ist die Gefahr gebannt.

Wenn noch aus früheren Zeiten Schulden vorhanden sind, sollten Sie zuallererst für deren Rückzahlung sorgen – je schneller, umso besser. Keine Geldanlage der Welt ist sicherer und rentabler als zurückgezahlte Schulden: Sie sparen den Kreditzins ein und haben dabei null Risiko.

Eine Geldreserve für Notfälle aufbauen

Einen Teil des Einkommens sollten Sie nutzen, um so rasch wie möglich eine Geldreserve für ungeplante größere Ausgaben aufzubauen. Wie hoch dieses Guthaben sein sollte, hängt von Ihrem Lebensstil und Ihren Ansprüchen ab. Als Faustregel gilt, dass in einem Single-Haushalt etwa drei Nettomonatseinkommen für Notfälle auf der hohen Kante liegen sollten.

Am besten eröffnen Sie hierfür ein Tagesgeldkonto. Das ist auch in Zeiten extremer Niedrigzinsen sinnvoll, wenn es fürs Tagesgeld praktisch keine Verzinsung gibt. Der Effekt ist dann vor allem psychologischer Natur: Durch die Umbuchung ist das Geld erst einmal außerhalb des alltäglichen Gesichtsfeldes geparkt, und so können Sie Ihr Girokonto-Guthaben für die laufenden Ausgaben und das Tagesgeld-Guthaben für den Notgroschen sauber trennen.

Wenn dieses Geldpolster einmal aufgebaut ist, können Sie die dafür eingeplante Sparrate weiterlaufen lassen und für andere Zwecke einsetzen, beispielsweise für das Sparen auf Anschaffungen oder für den Vermögensaufbau. Beim Anschaffungssparen brauchen Sie nicht unbedingt ein extra Anlagekonto zu eröffnen, sondern können Ihr Tagesgeld-Guthaben einfach für sich in einen Notfall-Anteil und einen Ansparanteil für künftige Anschaffungen aufteilen. Was für den Vermögensaufbau gilt, erfahren Sie in Schritt 5.

Handlungspaket 1

Was ist vorrangig zu tun?

- ☐ Prüfen Sie, wie hoch Ihre laufenden Ausgaben sind und wofür Sie Ihr Geld ausgeben.
- ☐ Nutzen Sie Sparpotenziale etwa bei Strom- und Telekommunikationsverträgen für mehr Freiraum beim Vermögensaufbau.
- ☐ Wenn Sie Schulden haben: Zahlen Sie diese so schnell wie möglich zurück.
- ☐ Bilden Sie eine Geldreserve in Höhe von etwa drei Nettomonatseinkommen für ungeplante größere Ausgaben.

Welche Finanzprodukte kommen zum Einsatz?

- ☐ Girokonto
- ☐ Bank- und Kreditkarte
- ☐ Tagesgeldkonto

Was ist das Ziel?

- ☐ Die monatlichen Einnahmen sind dauerhaft höher als die Ausgaben
- ☐ Sie geben nicht unnötig Geld für überteuerte oder überflüssige Verträge aus.
- ☐ Sie bilden eine Geldreserve, um bei unvorhergesehenen Ausgaben Kredite zu vermeiden.

Informationen dazu finden Sie in „Mit dem Geld klarkommen“, S. 53 und „Konto, Karten & Co.“, S. 71.

Schritt 2: Risiken absichern

Nun sollten Sie sich darum kümmern, die wichtigsten Risiken abzusichern. Mit dem kritischen Vergleich einzelner Versicherungsangebote können Sie dabei viel Geld einsparen.

Die Kunst des optimalen Schutzes besteht darin, dass Sie nicht zu viele und nicht zu wenige Versicherungen abschließen. Wenn Sie auf maximale Sicherheit in allen Lebenslagen bestehen, werden Sie schnell merken, dass Ihre jährlichen Versicherungskosten astronomische Höhen erreichen. Wollen Sie auf der anderen Seite möglichst kein Geld für Versicherungen ausgeben, entstehen gefährliche Lücken – und dann kann im Schadensfall der finanzielle Verlust ein Vielfaches der eingesparten Versicherungskosten betragen, wenn nicht gar den finanziellen Ruin bedeuten.

Versicherungsbedarf ermitteln

Bei der Ermittlung des Versicherungsbedarfs gibt es unterschiedliche Prioritäten. Ganz oben stehen die Versicherungen, zu deren Abschluss Sie verpflichtet sind. Dazu zählt neben der Krankenversicherung in erster Linie die Kfz-Versicherung, die für Halter von Autos und Motorrädern zwingend vorgeschrieben ist.

Dann kommen die Versicherungen, bei denen Sie nach Abschluss von Schule, Studium oder Ausbildung aus der kostenlosen Mitversicherung über die Eltern herausfallen. Das betrifft die private Haftpflichtversicherung sowie die Auslandsreise-Krankenversicherung. Mit dem frühzeitigen Check der Versicherungssituation stellen Sie sicher, dass Sie ohne Hektik dafür sorgen können, dass Sie mit einer kostengünstigen Police einen nahtlosen Anschluss finden.

Wichtig ist noch die Absicherung gegen Berufsunfähigkeit. Weil es sich hier um eine kostenintensive und komplexe Police handelt, sollten Sie genügend Zeit für die Angebotsrecherche und gegebenenfalls Beratung einplanen.

Wenn Sie Kinder bekommen, ist eine Risikolebensversicherung wichtig, mit der Sie Ihre Familie für den Fall Ihres Todes absichern. Ob und in welchen Umfang weitere Versicherungen wie Hausrat- oder Rechtsschutzversicherung für Sie sinnvoll sind, können Sie in aller Ruhe entscheiden, wenn Sie den priorisierten Versicherungsbedarf abgedeckt haben.

Meiden sollten Sie überflüssige Policen wie Reisegepäck- oder Reparaturversicherungen. Geben Sie stattdessen lieber bei den notwendigen Versicherungen ein paar Euro mehr für einen Tarif aus, der Ihnen einen überdurchschnittlich guten Schutz bietet.

Angebote vergleichen

Wenn Sie den Vertrag nicht beim nächstbesten Versicherungsunternehmen unterschreiben, sondern erst einmal die günstigsten Tarife ermitteln, können Sie pro Jahr mehrere Hundert Euro an Versicherungskosten sparen. Für den Vergleich haben Sie verschiedene Möglichkeiten:

- Auf test.de finden Sie zu allen wichtigen Versicherungen regelmäßig aktualisierte Vergleiche der Stiftung Warentest. Weil die Vergleiche frei von finanziellen Interessen sind und die Stiftung Warentest keine Provisionen für die Versicherungsvermittlung annimmt, erhalten Sie hier einen umfassenden und objektiven Marktüberblick. Die Vergleiche können Sie online gegen ein geringes Entgelt abrufen. Für Flatratekunden sind sie kostenlos.
- Zunächst kostenlos sind die Versicherungsvergleiche von Onlineportalen wie Check24, Verivox oder Tarifcheck. Allerdings erhalten die Vergleichsportale eine Provision vom Versicherer, wenn Sie einen Vertrag abschließen – und damit fehlen meist die Angebote von den Unternehmen, die keine Provisionen an Dritte zahlen. Darüber hinaus kann es vorkommen, dass das Top-Angebot in der Vergleichsliste nicht vom günstigsten Anbieter stammt, sondern von Unternehmen, die für die bevorzugte Listung in der Vergleichstabelle extra bezahlen.

Handlungspaket 2

Was ist vorrangig zu tun?

- ☐ Befassen Sie sich zuerst mit den wichtigsten Versicherungen: private Haftpflichtversicherung, Auslandreise-Krankenversicherung, Kfz-Versicherung und Schutz gegen Berufsunfähigkeit.
- ☐ Führen Sie vor Vertragsschluss einen Angebotsvergleich durch.
- ☐ Im Anschluss daran können Sie sich um die „Kann-Versicherungen" wie Rechtsschutz- oder Hausratversicherung kümmern.

Welche Produkte brauche ich?

- ☐ Private Haftpflichtversicherung, Auslandreise-Krankenversicherung, Kfz-Versicherung, Berufsunfähigkeitsversicherung
- ☐ Für Familien: Risikolebensversicherung
- ☐ Eventuell weitere Verträge, sofern gewünscht und sinnvoll

Was ist das Ziel?

- ☐ Der Schutz soll keine Lücken aufweisen, die im Schadensfall zu existenzbedrohenden Verlusten oder Forderungen führen können
- ☐ Die benötigten Verträge sollten möglichst preisgünstig sein.
- ☐ Unpassende Policen vermeiden.

Informationen dazu finden Sie im Kapitel „Richtig versichern", S. 91.

Schritt 3: Auf Anschaffungen sparen

Nachdem Sie die Alltagsfinanzen geordnet haben und gut versichert sind, richtet sich der Blick nun auf Anschaffungen. Wer sie mit eigenem Geld finanzieren kann, spart Kreditkosten.

Mit dem Einstieg in das Berufsleben beginnen oft auch die Planungen für größere Anschaffungen. Wer aus dem Elternhaus auszieht, will sich nach und nach die Wohnung schön einrichten, und irgendwann soll vielleicht auch ein Fahrzeug gekauft oder das in die Jahre gekommene Auto durch ein neues ersetzt werden.

Zwar lassen sich solche Investitionen auch mit Ratenkrediten finanzieren. Doch die verursachen Zinskosten, die je nach Kreditsumme, Laufzeit und Ihrer Kreditwürdigkeit (Bonität) ganz schön teuer werden können. So verursacht ein Ratenkredit über 10 000 Euro bei 5 Prozent Sollzins und vier Jahren Laufzeit mehr als 1 000 Euro an Zinsen. Das bedeutet konkret: Wenn Sie Ihre Investition über einen solchen Kredit finanzieren, zahlen Sie einen Aufschlag von gut 10 Prozent auf den Kaufpreis.

Investitionsplan erstellen

In vielen Unternehmen gibt es Investitionspläne, in denen die größeren Investitionen für die kommenden Jahre aufgeführt sind. Anhand dieser Planungen weiß das Management, wie viel Geld es jedes Jahr auf die Seite legen muss, um die künftigen Investitionen finanzieren zu können.

Dieses Prinzip lässt sich auch auf den privaten Haushalt anwenden. Wenn Sie beispielsweise planen, in drei Jahren ein Auto für 10 000 Euro zu kaufen und Ihr aktuelles Fahrzeug mit einem voraussichtlichen Restwert von 2 500 Euro in Zahlung zu geben, dann wissen Sie genau: Nur wenn Sie jedes Jahr 2 500 Euro ansparen, können Sie dieses Ziel erreichen.

Sicherheit geht vor

Bei der Wahl des passenden Anlageproduktes für das Sparen auf Anschaffungen steht die Sicherheit im Mittelpunkt. Schließlich wollen Sie es nicht dem Stand der Börsenkurse überlassen, ob Sie sich in ein paar Jahren ein flottes Mittelklasseauto oder doch nur einen betagten Kleinwagen leisten können. Daher kommen für dieses Anlageziel die klassischen Bankprodukte wie Tagesgeld, Festgeld oder Sparbrief infrage.

Trotz der bescheidenen Rendite ist das Tagesgeldkonto für die Kapitalbildung auf künftige Anschaffungen sehr gut geeignet. Sie können sowohl regelmäßige Raten per Dauerauftrag einzahlen als auch bei Gelegenheit das bereits angesparte Guthaben mit zusätzlichen Überweisungen aufstocken. Festgeld oder Sparbrief können Sie in Erwägung ziehen, wenn sich bereits Kapital angesammelt hat und der Zeitpunkt der Investition noch mindestens ein Jahr in der Zukunft liegt. Dann können Sie von etwas höheren Zinsen profitieren – allerdings zu dem Preis, dass Sie vor der Fälligkeit nicht an das Guthaben herankommen.

Wann sind Kredite sinnvoll?

Gerade in der ersten Zeit nach dem Berufseinstieg kommen viele junge Menschen nicht ganz ohne Kreditaufnahme aus. Wer auf dem Weg zur Arbeit nur eine unzureichende Verbindung mit öffentlichen Verkehrsmitteln hat, kann mit dem Autokauf nicht drei Jahre warten, bis das notwendige Guthaben zusammengespart ist.

Wichtig ist es in solchen Situationen, den Kredit so zu planen, dass die monatliche Rate problemlos finanzierbar ist und die Schulden in absehbarer Zeit wieder zurückgezahlt sind. Dabei gilt der Grundsatz, dass die verbleibende Lebensdauer der finanzierten Anschaffung deutlich länger sein sollte als die Laufzeit des Kredites. Ist dies der Fall, können Sie nach der Rückzahlung die Monatsrate als Sparrate weiterlaufen lassen, um den Kreditbedarf beim nächsten Kauf zu senken.

Handlungspaket 3

Was ist vorrangig zu tun?

- ☐ Erstellen Sie einen Plan mit den größeren Investitionen, die Sie in den nächsten ein bis fünf Jahren tätigen wollen.
- ☐ Ermitteln Sie, welche monatliche Sparleistung erforderlich ist, und richten Sie einen passenden Sparplan ein.

Welche Finanzprodukte kommen zum Einsatz?

- ☐ Tagesgeldkonto
- ☐ Festgeldkonto
- ☐ Sparbrief

Was ist das Ziel?

Im Idealfall schaffen Sie es, dank frühzeitigem und gezieltem Ansparen bei größeren Anschaffungen keinen Kredit zu benötigen.

Informationen dazu finden Sie im Kapitel „Sparen und anlegen“, S. 117.

Schritt 4: Immobilie – ja oder nein?

Die eigenen vier Wände sind für viele junge Berufstätige ein Lebenstraum. Wer ihn verwirklichen will, sollte die Überlegungen dazu schon frühzeitig in die Finanzplanung mit einbeziehen.

Der Kauf eines Eigenheims ist eine Lebensentscheidung, die Sie über einen langen Zeitraum finanziell bindet. Zwar sparen Sie die Miete ein und können Ihre Wohnung so gestalten, wie Sie es wollen. Doch das Darlehen dafür läuft oft mehr als 20 Jahre, bis die letzte Rate zurückgezahlt ist, und bei einem Umzug ist ein Immobilienverkauf nicht so einfach zu bewerkstelligen wie die Kündigung einer Mietwohnung.

Daher sollten Sie sich Zeit nehmen, um zu überlegen, ob kurz- bis mittelfristig der Erwerb einer eigenen Immobilie für Sie sinnvoll ist. Dabei geht es nicht nur um die Frage, ob Sie sich den Kauf einer Wohnung leisten können. Wichtige Gesichtspunkte sind darüber hinaus auch Ihre Lebens- und Berufsplanung. Versuchen Sie, dabei nicht nur Ihre aktuelle Situation zu berücksichtigen, sondern auch Ihre Pläne und Vorstellungen für die nächsten fünf bis zehn Jahre.

Auf lange Sicht ist der Erwerb von Wohneigentum durchaus sinnvoll. Sie bilden durch die Rückzahlung der Baufinanzierung Kapital für die Altersvorsorge. Ist die Immobilie schuldenfrei, kommen Sie im Rentenalter im Vergleich zum Mieter mit einem bescheideneren Einkommen klar, weil Sie als Wohnkosten nur die Wohnnebenkosten, aber keine Miete einkalkulieren müssen.

Eigenkapital und Einkommen

Für die solide Finanzierung eines Eigenheims brauchen Sie sowohl genügend Eigenkapital als auch ein Einkommen, das Ihnen für die monatliche Rückzahlungsrate ausreichend Freiraum lässt. Beim Eigenkapital gilt der Grundsatz, dass neben den Kaufnebenkosten wie Grunderwerbsteuer, Notar- und Maklergebühr noch wenigstens 10 bis 20 Prozent des Kaufpreises aus eigenen Mitteln finanziert werden sollten. Bei einem Kaufpreis von 250 000 Euro und Nebenkosten in Höhe von 8 Prozent würde das bedeuten, dass mindestens 45 000 Euro an Eigenmitteln vorhanden sein sollten.

Das Einkommen sollte hoch genug sein, um neben den Zinskosten einen Tilgungsanteil von 3 bis 4 Prozent pro Jahr stemmen zu können. Wenn Sie Ihre erste Stelle gerade antreten,, sollten Sie erst einmal zwei bis drei Jahre abwarten und die Entwicklung Ihres Einkommens beobachten. Nach diesem Zeitraum verfügen Sie auch über erste Berufserfahrungen, die im Fall eines Jobverlustes Ihre Chancen auf eine neue Stelle verbessern.

Testen Sie Ihre Belastbarkeit

Um herauszufinden, ob Sie die künftige Kreditrate wirklich verkraften können, gibt es eine einfache und risikofreie Methode: Richten Sie einen monatlichen Dauerauftrag auf Ihr Tagesgeldkonto ein, dessen Höhe die Differenz zwischen Ihrer jetzigen Kaltmiete und der geplanten Kreditrate plus 150 Euro beträgt. Der Aufschlag ist der Ausgleich für Rücklagen, Hausverwaltung und Reparaturkosten, die Eigentümer im Gegensatz zu Mietern selbst tragen müssen. Wenn in den Monaten nach der Einrichtung des Dauerauftrags der Stand auf Ihrem Girokonto nicht sinkt, können Sie die Rate tatsächlich verkraften.

Beispielrechnung

Derzeitige Kaltmiete	650 Euro
Geplante Kreditrate	1 000 Euro
Differenz	350 Euro
Plus Aufschlag	150 Euro
Dauerauftrag Tagesgeld	**500 Euro**

Berufliche Mobilität

In den ersten Berufsjahren gilt es, Erfahrungen zu sammeln. Dazu zählt oft auch ein Stellenwechsel. Der muss nicht zwangsläufig mit einer Kündigung verbunden sein, sondern kann auch in Form eines Auslandsaufenthaltes oder des Wechsels in eine andere Niederlassung beim selben Unternehmen stattfinden.

Bei Ihren Überlegungen zum Immobilienkauf sollten Sie dies mit einbeziehen. Wenn nämlich alle paar Jahre ein Umzug ansteht, haben Sie es mit einer Mietwohnung einfacher als mit einer eigenen Immobilie – vor allem auch mit Blick auf die Kosten: Mit jedem Verkauf und anschließendem Kauf fallen wieder aufs Neue Grunderwerbsteuer und Notargebühren an. Solange Sie beruflich noch nicht sesshaft geworden sind, sollten Sie daher Pläne für den Wohnungs- oder Hauskauf erst einmal zurückstellen. Gleichwohl können Sie schon damit beginnen, mit einem Sparplan Eigenkapital für einen späteren Kauf zu bilden.

Sparziel Eigenheim?

Wenn Sie in nächster Zeit einen Immobilienkauf planen, sollte beim Bilden von Eigenkapital der Schutz vor Verlusten im Vordergrund stehen. Aktienbezogene Anlageprodukte wie ETF scheiden damit aus, denn Sie würden dann riskieren, dass nicht genug Eigenkapital vorhanden ist, wenn sich zum Zeitpunkt des Kaufs die Börsenkurse in einem Tief befinden. Je nachdem, wie schnell Sie den Traum von den eigenen vier Wänden realisieren können oder wollen, ergeben sich daraus unterschiedliche Strategien bei der Finanzplanung:

- **Kurzfristiger Erwerb geplant.** Sie haben schon Eigenkapital, wollen sowohl Ihrem Arbeitgeber als auch Ihrem Wohnort langfristig treu bleiben und planen innerhalb der nächsten fünf Jahre den Kauf einer eigenen Wohnung. Dann sollten Sie Ihr Eigenkapital weiter aufbessern, um die spätere Finanzierung zu verbilligen. Die einfachste Methode: Überweisen Sie das Geld, das am Monatsende übrig ist, gleich auf ein Tagesgeldkonto.
- **Mittelfristiger Erwerb geplant.** Eigenkapital ist schon teilweise vorhanden, und nach der beruflichen Orientierung wollen Sie in fünf bis zehn Jahren in die eigenen vier Wände ziehen. Nun sollten Sie weiteres Eigenkapital bilden, entweder mit dem Tagesgeld-Sparplan oder einem Bausparvertrag. Letzteren sollten Sie so abstimmen, dass die Darlehenszuteilung möglichst passgenau zum Zeitpunkt des Kaufs erfolgen kann. Beim Bausparen können Sie überdies Arbeitnehmersparzulage, Wohnungsbauprämie und Wohn-Riester als staatliche Förderung nutzen.
- **Vorerst kein Eigenheim.** Wenn Sie in den nächsten zehn Jahren keinen Immobilienkauf planen, sollten Sie sich auf den langfristigen Vermögensaufbau mit ETF konzentrieren. Wie das funktioniert, erfahren Sie im nächsten Schritt.

Handlungspaket 4

Was ist vorrangig zu tun?

- ☐ Machen Sie sich Gedanken darüber, ob oder wann Sie sich eine eigene Immobilie leisten wollen und können.
- ☐ Überlegen Sie, ob der Erwerb einer Immobilie auch zu Ihrer Berufs- und Lebensplanung passt.

Welche Finanzprodukte kommen zum Einsatz?

- ☐ Tagesgeldkonto
- ☐ Bausparvertrag

Was ist das Ziel?

Sie gewinnen Klarheit darüber, ob Sie kurz- oder mittelfristig den Kauf einer Immobilie planen oder ihn vorerst zurückstellen. Daraus ergibt sich Ihre Anlagestrategie.

Informationen dazu finden Sie im Kapitel „Sparen und anlegen", S. 117. Weitere Infos erhalten Sie in unserem Set Immobilienfinanzierung. Sie finden es im Buchhandel oder unter test.de/shop.

Schritt 5: Vermögen aufbauen und fürs Alter vorsorgen

Wer die Pläne für ein Eigenheim zurückgestellt hat, sollte sich gleich um den langfristigen Vermögensaufbau kümmern.

Für den Vermögensaufbau und die Altersvorsorge ist es nie zu früh: Wenn Sie schon jetzt mit dem Aufbau eines finanziellen Polsters beginnen, wächst Ihnen später einmal der Nachholbedarf nicht über den Kopf. Ohne privates Vermögen wird es nämlich schwierig, sich einmal im Rentenalter die eine oder andere Annehmlichkeit leisten zu können. Wenn Sie sich bei Ihren Überlegungen im vorangegangenen Schritt dafür entschieden haben, auf absehbare Zeit weiter zur Miete zu wohnen, sollten Sie daher zügig das Projekt Vermögensaufbau angehen. Dabei sollten Sie Ihre Anlageprodukte so wählen, dass Sie flexible Einzahlungen leisten können und das Kapital irgendwann auch einmal eventuell als Eigenkapital für den Kauf eines Eigenheims einsetzen können.

Ideallösung: Aktien-ETF

Beim langfristigen Vermögensaufbau können Sie Wertschwankungsrisiken eingehen, weil sich das Auf und Ab an der Börse im Lauf der Zeit ausgleicht. Die Statistik der Vergangenheit zeigt: Wenn Sie deutlich länger als zehn Jahre in Aktien investieren, sinkt das Risiko eines Verlustes am Ende gegen null. Und umgekehrt steigt mit zunehmender Anlagedauer die Wahrscheinlichkeit, dass Sie in der Summe deutlich mehr Gewinn machen, als dies mit sicheren Anlageformen wie Tagesgeld oder Sparbrief möglich gewesen wäre.

Für eine langfristig gute Rendite bieten die kostengünstigen Aktien-ETF (Indexfonds) ideale Voraussetzungen. Wichtig ist, dass Sie Ihre Kapitalanlage breit streuen, um die Übergewichtung einzelner Risiken zu vermeiden. Es empfehlen sich daher ETF auf weltweite Aktienindizes wie den MSCI World oder den nachhaltigen MSCI World SRI Index, wobei das Kürzel SRI für „Social Responsible Investing“ steht. Angesichts der äußerst niedrigen jährlichen Verwaltungsgebühren sind ETF empfehlenswerter als aktiv gemanagte Aktienfonds.

Der große Vorteil beim ETF-Sparen liegt in der Flexibilität. Sie können Sparpläne einrichten, die Sie jederzeit aussetzen, ändern oder wieder beenden können. Außerdem können Sie jederzeit zusätzliche Einzahlungen leisten oder das angelegte Kapital von heute auf morgen abrufen.

Pantoffel-Portfolio: Investieren mit Risikopuffer

Mit dem Pantoffel-Portfolio haben die Finanzexpertinnen der Stiftung Warentest eine einfache und kostengünstige Lösung für diejenigen entwickelt, die die Aktienkursschwankungen dämpfen wollen. Dafür benötigen Sie genau zwei Anlageprodukte: einen weltweit investierenden Aktien-ETF und ein gebührenfreies Tagesgeldkonto. Beide Bestandteile mischen Sie so, dass in der Gesamtheit Ihre gewünschte Balance zwischen Sicherheit und Risiko erreicht wird.

- **Defensiv:** Für einen Mix mit geringem Risiko, aber auch niedrigeren Renditechancen investieren Sie 25 Prozent in den ETF und 75 Prozent ins Tagesgeld.
- **Ausgewogen:** Eine ausgewogene Mischung aus Risiko und Sicherheit erzielen Sie mit 50 Prozent ETF und 50 Prozent Tagesgeld.
- **Offensiv:** Wenn Sie das Wertschwankungsrisiko nur in geringem Maß abfedern möchten, legen Sie 75 Prozent in den ETF und 25 Prozent auf dem Tagesgeldkonto an.

Wie die unterschiedlichen Varianten in den letzten 30 Jahren abgeschnitten haben, sehen Sie in der Grafik „Sparen mit Aktien-ETF und Pantoffel-Portfolio", rechts.

Ideal ist es, wenn Sie für das Pantoffel-Sparen ein separates Tagesgeldkonto eröffnen. So können Sie sauber trennen zwischen Ihrem Geld für die eiserne Reserve oder künftige Anschaffungen und dem Anteil, den Sie für die Risikoabsicherung Ihres ETF-Sparplans vorgesehen haben.

Ein Mal pro Jahr sollten Sie prüfen, ob sich aufgrund der unterschiedlichen Renditen zwischen ETF und Tagesgeld die Gewichtung im Portfolio verschoben hat. Haben beispielsweise die Aktien 10 Prozent zugelegt, während das Tagesgeld keinen Zins abwarf, wird aus der ursprünglich hälftigen Verteilung ein Verhältnis von 52,5 Prozent Aktien-ETF zu 47,5 Prozent Tagesgeld. Umgekehrt führen Aktienverluste dazu, dass der Tagesgeldanteil an Gewicht zunimmt. Hat sich das ursprüngliche Verhältnis um mehr als 10 Prozentpunkte verschoben, sollten Sie umschichten und das ursprüngliche Mischungsverhältnis wiederherstellen.

Da Sie noch viel Zeit haben, um mögliche Börsencrashs auszusitzen, können Sie höhere Risiken eingehen als jemand, der in zehn Jahren in Rente geht und das Geld dann benötigt. Wenn Sie die Schwankungen an den Börsen nervlich verkraften, können Sie daher auch erst einmal den gesamten Vermögensaufbau mit Aktien-ETF betreiben. Je schneller Sie an Ihr Geld möchten, desto wichtiger wird es aber, eine der sichereren Varianten zu wählen.

▶ Bei der Auswahl der ETF können Sie es sich einfach machen. Auf S. 172 finden Sie eine Übersicht mit den weltweit anlegenden Aktien-ETF und den nachhaltigen ETF, die Finanztest als Erste Wahl empfiehlt.

Sparen mit Aktien-ETF und Pantoffel-Portfolio

In den letzten 30 Jahren haben sowohl Sparpläne auf Aktien-ETF als auch die Pantoffel-Sparpläne trotz einiger Crashs ordentlich zugelegt. Grafik und Tabelle zeigen, welche Ergebnisse sich mit ETF- und Pantoffel-Sparplänen auf den MSCI-World-Index erzielen ließen. Die Risiken lassen sich anhand der schlechtesten Jahresrendite einschätzen.

	Durchschnittliche Rendite pro Jahr				Risiko [1]
	30 Jahre	20 Jahre	10 Jahre	5 Jahre	Schlechteste Jahresrendite (%)
Defensiv	3,5	3,0	3,0	1,9	– 8,1
Ausgewogen	5,1	5,0	5,3	3,6	– 17,7
Offensiv	6,2	6,3	7,8	5,3	– 28,2
Aktien-ETF	7,1	7,4	9,8	7,0	– 39,3

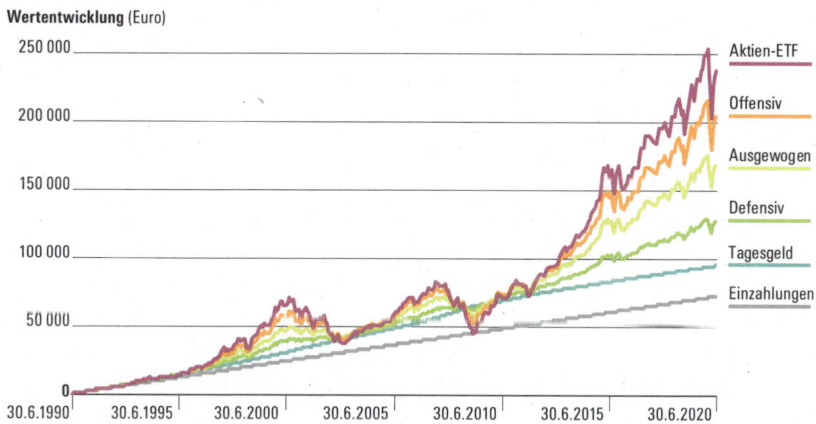

1) Bezieht sich auf 30-Jahres-Zeitraum. Quelle: Refinitiv. eigene Simulationen und Erhebungen Stand: 30. Juni 2020

Wie finde ich eine günstige Bank?

Beim Sparen mit ETF benötigen Sie ein Wertpapierdepot. Dieses müssen Sie nicht zwangsläufig bei der Bank führen, bei der Sie Ihr Girokonto eingerichtet haben. Häufig lohnt es sich sogar, mit dem Wertpapierdepot zu einer anderen Bank zu wechseln, die niedrigere Gebühren verlangt. Interessante Konditionen bieten zuweilen sogenannte Neobroker. Hier handelt es sich um junge Finanzdienstleister, die ausschließlich Wertpapierhandel per Smartphone oder PC anbieten und dank ihrer schlanken Struktur sehr kostengünstig sind. Beim Gebührenvergleich sollten Sie vor allem auf die folgenden Posten achten:

Wie Ihr Geld wächst

Für 100 000 Euro Guthaben müssen Sie umso höhere Raten leisten, je weniger Zeit Ihnen fürs Sparen bleibt (Durchschnittsrendite 3 Prozent).

Wer bis zur Rente noch **30 Jahre** Zeit hat, erreicht sein Sparziel mit 172 Euro monatlich.

Bleiben nur **20 Jahre** zum Sparen, steigt der Monatsbeitrag schon auf 305 Euro.

Spätstarter, deren Ruhestand schon in **10 Jahren** beginnt, müssen 715 Euro sparen.

- **Laufende Depotgebühr.** Diese Gebühr wird monatlich, quartalsweise oder jährlich für die Führung des Wertpapierdepots verlangt. Die Höhe ist bei manchen Banken vom angelegten Betrag und von der Zahl der unterschiedlichen Wertpapiere abhängig, andere Institute verlangen eine Pauschale. Ideal ist es, wenn die Bank das Depot kostenlos führt. Gratis-Depots finden Sie vor allem bei Direktbanken. Wichtig beim Vergleich: Manche Anbieter berechnen eine Gebühr, wenn während eines Quartals kein Sparplan läuft und auch keine anderen Transaktionen stattfinden.
- **Gebühren pro Transaktion.** Beim ETF-Sparen sollten Sie Banken meiden, die bei jeder Sparrate die Mindestgebühr – häufig 15 bis 25 Euro – für die Börsenorder berechnen. Bei einer Monatsrate von 150 Euro würden dann 10 Prozent oder mehr an Kaufgebühren anfallen, was die Rendite zunichtemachen würde. Die Gebühr pro Sparrate sollte bei einem ETF-Sparplan auf jeden Fall deutlich unter 2 Prozent liegen. Bei größeren ETF-Einmalanlagen verlangen günstige Anbieter – vor allem Direktbanken und Neobroker – bezogen auf die Anlagesumme 0,3 Prozent oder weniger.

Auch hier können Sie es sich einfach machen: Auf S. 170 im Hilfeteil finden Sie eine Übersicht „ETF günstig kaufen“ mit den besten Anbietern.

Fondssparen: Mit oder ohne Riester?

Beim Fondssparen haben Sie die Wahl, ob Sie die Riester-Förderung mit einbauen oder nicht. Wenn Sie sich für das Riester-Fondssparen entscheiden, können Sie jedoch nur

Fondssparpläne mit Riester-Zertifizierung auswählen und müssen die Vorschriften beim Riester-Sparen beachten – ansonsten können Sie im Nachhinein die gesamten Zulagen wieder verlieren. Ob das Fondssparen mit oder ohne Riester-Förderung für Sie besser passt, sollten Sie anhand der Vor- und Nachteile abwägen.

Vorteile mit Riester. Sie erhalten Riester-Zulage, und der Erhalt des angesparten Kapitals ist bis zum Renteneintritt garantiert.

Nachteile mit Riester. Riester-Fonds sind mit höheren Nebenkosten als ETF-Sparpläne verbunden, und die Kapitalgarantie verringert die Rendite. Bei vorzeitiger Kündigung verlieren Sie rückwirkend alle bislang erhaltenen Zulagen, wenn Sie das Guthaben nicht direkt in ein anderes Riester-Produkt einzahlen oder es für den Eigenheimerwerb verwenden. Auch führen nicht alle günstigen Banken Riester-Fondsdepots, sodass Sie bei Ausgabeaufschlag und Depotführung mit höheren Kosten rechnen müssen.

Das Fondssparen ohne Riester bringt Ihnen diese Vor- und Nachteile:

Vorteile ohne Riester. Sie haben eine große Produktpalette und können durch die geschickte Wahl von Fondsanbieter und Depotbank Ihre Kosten minimieren. Ihre Fondsanteile können Sie jederzeit umschichten oder veräußern.

Nachteile ohne Riester. Sie erhalten keine Riester-Zulage und können die Sparraten nicht als Altersvorsorge-Aufwendungen in Ihrer Steuererklärung geltend machen.

Handlungspaket 5

Was ist vorrangig zu tun?

- ☐ Wenn Sie auf absehbare Zeit keinen Immobilienkauf planen, sollten Sie mit dem langfristigen Vermögensaufbau beginnen.
- ☐ Ideal geeignet sind Aktien-ETF-Sparpläne. Je nachdem, wie viel Risiko Sie eingehen möchten, stecken Sie erst einmal alles in Aktien-ETF oder wählen die offensive, die ausgewogene oder die sichere Variante des Pantoffel-Portfolios.
- ☐ Suchen Sie für Ihren Fondssparplan eine Bank oder einen Broker, die oder der bei Sparrate beziehungsweise Anteilskauf und Depotführung günstige Konditionen bietet.

Welche Finanzprodukte kommen zum Einsatz?

- ☐ Aktien-ETF
- ☐ Tagesgeld
- ☐ Riester-Fondssparplan

Was ist das Ziel?

Legen Sie am besten in Form eines monatlichen Sparplans regelmäßig Geld auf die Seite, um so nach und nach das Vermögen wachsen zu lassen.

Informationen dazu finden Sie im Kapitel „Sparen und anlegen“ auf S. 117.

Schritt 6: Freistellungsaufträge einrichten

Mithilfe von Freistellungsaufträgen können Sie vermeiden, dass von Ihren Kapitalerträgen zu viel Steuer abgezogen wird.

Wenn Sie Erträge aus Geldanlagen, beispielsweise in Form von Zinsen oder Dividenden erzielen, müssen Sie dafür eine sogenannte Abgeltungsteuer zahlen. Diese beträgt 25 Prozent der Einkünfte aus Zinsen, Aktiendividenden und Kursgewinnen. Hinzu kommen der Solidaritätszuschlag und, wenn Sie Kirchenmitglied sind, noch die Kirchensteuer. Die inländischen Banken behalten die Abgeltungsteuer gleich ein und führen sie an den Fiskus ab. Immerhin: Die Abgeltungsteuer wird erst dann fällig, wenn Ihre Einkünfte aus Kapitalvermögen höher sind als der Sparerpauschbetrag. Dieser beträgt jährlich 801 Euro für Ledige und 1602 Euro für Verheiratete.

Recht einfach ist die Besteuerung von Zinsen bei Bank- oder Bausparguthaben. Hier dienen die im jeweiligen Kalenderjahr gutgeschriebenen Zinsen als Grundlage für die Besteuerung.

Komplizierter ist die Ermittlung der Steuer bei Fonds. Hier werden nämlich automatisch bereits auf Fondsebene 15 Prozent Quellensteuer auf Dividendenausschüttungen fällig. Um eine Doppelbesteuerung zu vermeiden, rechnet der Fiskus deshalb die Erträge nicht in voller Höhe als steuerpflichtigen Ertrag an. So bleiben bei Aktienfonds 30 Prozent und bei offenen Immobilienfonds sogar 60 Prozent der Erträge steuerfrei.

Beispiel: Der Wert von Charlottes ETF-Anteilen hat sich aufgrund von Kursgewinnen und wiederangelegten Dividenden im Lauf des Jahres um 500 Euro erhöht. Weil davon 30 Prozent steuerfrei bleiben, werden auf ihren Freistellungsauftrag nur 350 Euro als Ertrag angerechnet.

Wie der Freistellungsauftrag funktioniert

Solange Ihre Kapitalerträge niedriger sind als der Sparerpauschbetrag, müssen Sie keine Abgeltungsteuer zahlen. Um zu vermeiden, dass die Bank trotzdem Abgeltungsteuer abzieht, müssen Sie dem Geldinstitut einen Freistellungsauftrag erteilen. Dieser gilt dann sowohl für die Erträge aus Guthaben bei der Bank als auch für die Gewinne, die im Wertpapierdepot anfallen. Konkret: Bei der Fondsanlage benötigt die depotführende Bank und nicht die Fondsgesellschaft Ihren Freistellungsauftrag.

Den Freistellungsauftrag füllen Sie einfach aus und geben das unterzeichnete Formular in Ihrer Bankfiliale ab. Wenn Sie Kundin oder Kunde einer Direktbank sind, können Sie den Freistellungsauftrag entweder per Post einsenden oder bequem per Onlinebanking erteilen.

Bei Ihren Freistellungsaufträgen können Sie Aufteilungen und Befristungen vornehmen. Wenn Sie Ihr Geld bei verschiedenen Geldinstituten angelegt haben, können Sie im Voraus die zu erwartenden Zinseinnahmen abschätzen und einzelne Freistellungsaufträge erteilen, die in der Summe jedoch die Höhe des Sparerpauschbetrags nicht überschreiten dürfen.

Beispiel: Charlotte aus unserem Beispiel ist ledig und kann daher über einen Sparerpauschbetrag von 801 Euro pro Jahr verfügen. Ihrer Depotbank erteilt sie einen Freistellungsauftrag in Höhe von 350 Euro. Die restlichen 451 Euro kann sie auf andere Banken verteilen.

Darüber hinaus können Sie im Formular angeben, ob der Freistellungsauftrag unbefristet oder nur bis zu einem bestimmten Zeitpunkt gelten soll. Der unbefristete Freistellungsauftrag gilt so lange, bis ein neuer erteilt wird.

Vorsicht: Wenn Sie nicht aufpassen und Ihre Freistellungsaufträge versehentlich allzu großzügig verteilen, kann es ungemütlich werden. Die Banken müssen nämlich jedes Jahr dem Bundeszentralamt für Steuern auf elektronischem Weg übermitteln, wie

30 SEKUNDEN FAKTEN

1993

wurden Banken erstmals verpflichtet, Steuern auf Zinserträge ihrer Kunden abzuführen.

6 000 D-MARK

plus 100 D-Mark Werbungskostenpauschale betrug damals der Freibetrag pro Sparer, umgerechnet fast das Vierfache des heutigen Pauschbetrags.

12 %

der Abgeltungsteuer gehen an die Gemeinden, jeweils

44 %

erhalten Bund und Länder.

viele Erträge sie ihren einzelnen Kunden ohne Steuerabzug gutgeschrieben haben. Weil jeder Freistellungsauftrag die Steueridentifikationsnummer enthalten muss, kann die Kontrollbehörde ermitteln, ob Ihre steuerbefreiten Ausschüttungen höher waren als der Sparerpauschbetrag. Ist dies der Fall, wird das zuständige Finanzamt informiert, das Sie dann zur detaillierten Angabe all Ihrer Kapitalerträge auffordert.

Ausnahmen von der Abgeltungsteuer

Die Abgeltungsteuer und somit auch der Freistellungsauftrag betreffen nicht alle Formen der Kapitalanlage. So werden die Erträge der folgenden Anlageprodukte auf andere Weise besteuert:

- Bei den mit Riester-Zulagen und Steuervergünstigungen geförderten Riester- und Rürup-Sparverträgen erfolgt die Besteuerung der Erträge erst später über die Einkommensteuer im Rentenalter.
- Gleiches gilt für die Guthaben aus der betrieblichen Altersvorsorge.
- Beim Versicherungssparen gilt eine Sonderregel, wenn der Vertrag mindestens zwölf Jahre lang läuft und die Auszahlung nach dem 62. Geburtstag erfolgt. Dann gilt bei der Fälligkeit die Hälfte der Erträge als steuerpflichtiges Einkommen.

Für diese Anlageprodukte ist folglich dann auch kein Freistellungsauftrag erforderlich.

Handlungspaket 6

Was ist vorrangig zu tun?

- ☐ Erteilen Sie jeder Bank, bei der Sie ein verzinstes Konto oder ein Wertpapierdepot führen, einen Freistellungsauftrag in ausreichender Höhe.
- ☐ Achten Sie darauf, dass die Summe Ihrer Freistellungsaufträge den Sparerpauschbetrag nicht übersteigt.

Für welche Produkte benötigen Sie einen Freistellungsauftrag?

- ☐ Wertpapierdepots mit Aktien, Fonds, ETF etc.
- ☐ Anlageprodukte bei Banken wie Tagesgeld, Festgeld, Sparkonten
- ☐ Bausparverträge

Was ist das Ziel?

Wenn Sie Ihre Freistellungsaufträge pflegen, sorgen Sie dafür, dass Sie nicht zu viele Steuern zahlen und auch nicht mit dem Finanzamt ins Gehege kommen.

Schritt 7: Wiedervorlage

Gerade wenn Sie jung sind, können sich Ihre Berufs- und Lebensumstände öfter mal ändern. Daher sollten Sie Ihre Finanzplanung in regelmäßigen Abständen prüfen und neu justieren.

Umzug, Jobwechsel, Familiengründung – für junge Leute bringt das Leben oft innerhalb kurzer Zeit tief greifende Änderungen mit sich. Häufig verändert sich auch die finanzielle Planung, wenn sich die Einkommensverhältnisse ändern, neue Anschaffungen anstehen oder der Erwerb eines Eigenheims nun konkreter wird. Einmal pro Jahr sollten Sie sich daher Zeit nehmen, um zu überprüfen, ob Ihre Anlagestrategie noch zu Ihrer aktuellen Situation und Ihren persönlichen Zielen passt.

Darüber hinaus können sich auch die Konditionen bei laufenden Verträgen sowie Finanz- und Versicherungsprodukten ändern, sodass Sie mit dem Wechsel zu einem anderen Anbieter entweder die Ausgaben senken oder die Erträge verbessern können. Typische Beispiele:

- Beim Stromanbieter ist Ihr Neukundenbonus ausgelaufen, sodass ein Wechsel dreistellige Kosten sparen würde.
- Ihre Kfz-Haftpflichtversicherung hat sich verteuert.
- Einen noch laufenden Ratenkredit könnten Sie zu einer anderen Bank umschulden, die deutlich niedrigere Zinsen verlangt als Ihr derzeitiger Kreditgeber.

→ Richten Sie einen Kündigungswecker ein

Wichtige Verträge, etwa für Versicherungen, Strom oder Telekommunikation, können oft nur jährlich unter Einhaltung einer mehrwöchigen Frist gekündigt werden. Um zu vermeiden, dass Sie beim jährlichen Check Ihrer Finanzplanung einen Kündigungstermin verpassen, sollten Sie in Ihrem Kalender eintragen, wann Sie den jeweiligen Vertrag prüfen und gegebenenfalls kündigen sollten.

Abgesehen von Verträgen mit Finanzdienstleistern und Versicherungsunternehmen sollten Sie sich im Zuge des jährlichen Finanzplan-Checks auch um Dinge kümmern, die Sie kurzfristig verändern können. Achten Sie dabei auf die folgenden Punkte:

- **Vermögens-Saldo.** Hat Ihr gesamtes Geldvermögen im Jahresvergleich zu- oder abgenommen? Zwar kann eine Abnahme durch eine größere Anschaffung wie etwa einen Autokauf bedingt sein. Aber sie kann auch ein Zeichen dafür sein, dass Sie über Ihre Verhältnisse leben und weniger Geld ausgeben sollten.

- **Eiserne Reserve.** Prüfen Sie, ob die Geldreserve für Notfälle noch in ausreichender Höhe vorhanden ist oder aufgestockt werden sollte.
- **Anschaffungssparen.** Kontrollieren Sie, ob Sie beim Sparen auf künftige Anschaffungen Ihre Ziele erreicht haben.
- **Sparpläne.** Wenn das Einkommen gestiegen ist, kann die Einzahlung in den einen oder anderen Sparplan aufgestockt werden.
- **Versicherungen.** Sind Ihre Policen noch günstig und passend für Sie? Außerdem können nach manchen Ereignissen wie etwa dem Zusammenzug mit Freund oder Freundin Versicherungen wie die Privathaftpflichtversicherung zusammengelegt werden.
- **Eigenheim.** Machen Sie sich Gedanken darüber, ob Ihre Pläne und Einstellungen zum Eigenheimerwerb noch dieselben sind wie vor einem Jahr. Wenn nicht, sollten Sie Ihre Anlagestrategie entsprechend abändern.

Der jährliche Finanzplanungs-Check nimmt zwar etwas Zeit in Anspruch, ist aber in aller Regel weitaus weniger aufwendig als die erste Planung. Mit der Zeit bekommen Sie auch eine gewisse Routine, die den Check weiter beschleunigt. Lohnenswert ist die Mühe allemal, denn fast immer finden sich Möglichkeiten für die Optimierung, die Ihnen bares Geld einbringen und so mehr Freiheiten verschaffen.

Handlungspaket 7

Was ist vorrangig zu tun?

- ☐ Kontrollieren Sie, ob Ihre Geldstrategie noch zu Ihren aktuellen Lebensumständen und Vorhaben passt.
- ☐ Prüfen Sie Ihre Verträge und wechseln Sie gegebenenfalls zu einem günstigeren Anbieter. Dies betrifft vor allem Versicherungen, Strom und Telekommunikation.
- ☐ Machen Sie den Soll-Ist-Check: Ist mein Vermögen gestiegen? Habe ich bei Sparen und Vermögensaufbau meine Ziele erreicht?

Was ist das Ziel?

Mit dem regelmäßigen Check können Sie zeitnah auf Änderungen in Ihrer Lebenssituation reagieren und prüfen, ob Ihre laufenden Verträge noch ein gutes Preis-Leistungs-Verhältnis haben.

Informationen dazu finden Sie in diesem Buch. Am besten gehen Sie für die Wiedervorlage die einzelnen Kapitel Schritt für Schritt durch.

Beispiele: Wie die Finanzplanung funktionieren kann

Auch wenn jede Finanzplanung individuell ist, können praxisnahe Beispiele zeigen, wie die Planung konkret abläuft.

Berufseinsteigerinnen und -einsteiger stehen in ganz unterschiedlichen persönlichen und beruflichen Situationen, und dementsprechend gibt es keine allgemeingültige Schablone für die Finanzplanung. So hat ein Azubi, der noch bei den Eltern wohnt und erst einmal aufs erste Auto sparen will, andere Wünsche und Ziele als eine Informatikerin, die nach dem Studium gleich einen gut bezahlten Job findet und dafür jedoch eine Wohnung in einer anderen Stadt suchen muss. Zwar können die nachfolgenden fiktiven Beispiele nur einen kleinen Ausschnitt aus der realen Vielfalt bieten, taugen aber als Vorlage für typische Lebenssituationen. Sie können Ihnen daher den einen oder anderen Anhaltspunkt dafür geben, worauf Sie schwerpunktmäßig acht geben sollten, wenn Sie sich in einer ähnlichen Lage befinden.

Start nach dem Studium

Celine hat mit 25 Jahren ihr Germanistik-Studium abgeschlossen und tritt nun ihren ersten Vollzeit-Job als Content-Managerin in einer Agentur für Onlinemarketing an. Sie verdient netto 2000 Euro pro Monat und konnte bislang noch nicht viel Geld auf die Seite legen, weil die Einkünfte aus Nebenjobs für die Lebenshaltungskosten in der WG draufgingen. Da Mietwohnungen in der Großstadt sehr teuer sind, will sie zunächst in der WG bleiben, wo sie für ihr geräumiges Zimmer monatlich 450 Euro zahlt. Darüber hinaus benötigt sie pro Monat knapp 1000 Euro für die laufenden Kosten, sodass vom Nettomonatseinkommen rund 550 Euro übrig bleiben. Sie braucht kein eigenes Auto und hat noch keine konkreten Pläne für größere Anschaffungen, will aber erst mal ein finanzielles Polster aufbauen.

- **Versicherungen.** Mit dem Abschluss des Studiums endet die kostenlose Mitversicherung in der elterlichen Privathaftpflicht- und Reisekrankenversicherung. Sie muss sich jetzt zügig um eigene Policen kümmern. Die Berufsunfähigkeitsversicherung soll danach folgen.
- **Geldreserve.** Für den Aufbau der eisernen Reserve überweist sie per Dauerauftrag 500 Euro auf ihr Tagesgeldkonto.
- **Anschaffungssparen.** Wenn nach etwa einem Jahr drei Monatsgehälter als Reserve zur Verfügung stehen, will sie

die Sparraten aufs Tagesgeldkonto weiterlaufen lassen, um Guthaben für spätere Anschaffungen zu bilden.

- **Vermögensaufbau.** Den Vermögensaufbau stellt Celine erst einmal zurück, weil für sie die eiserne Reserve und das Guthaben für Anschaffungen Vorrang haben.

Der junge Azubi

Moritz hat mit 16 Jahren die Mittlere Reife abgeschlossen und verdient nun als Elektroniker-Lehrling sein erstes Geld. Im ersten Lehrjahr bekommt er monatlich 650 Euro netto. Er wohnt bei seinen Eltern und hat nur geringe Lebenshaltungskosten. Sein Traum ist ein eigenes Auto, das er sich möglichst schnell nach der bestandenen Führerscheinprüfung kaufen will.

- **Versicherungen.** In der Erstausbildung läuft die kostenlose Mitversicherung bei Privathaftpflicht- und Reisekrankenpolice weiter, sodass er sich darum noch nicht kümmern muss. Bei der Berufsunfähigkeitsversicherung nutzt er einen günstigen Azubi-Tarif für 50 Euro pro Monat, der sich später erweitern lässt. Vorteil dabei: Er kann die Leistungen später erhöhen, ohne eine erneute Gesundheitsprüfung absolvieren zu müssen.
- **Geldreserve.** Aus früheren Schülerjobs und Geldgeschenken ist ein Guthaben von 2000 Euro auf dem Tagesgeldkonto vorhanden.
- **Anschaffungssparen.** Für seinen persönlichen Bedarf behält Moritz monatlich 200 Euro auf dem Girokonto und überweist 300 Euro aufs Tagesgeld. Damit kann er sich in zwei Jahren ein Auto für gut 7000 Euro leisten.
- **Vermögensaufbau.** Darüber hinaus richtet Moritz noch einen ETF-Sparplan über 100 Euro pro Monat ein. Der soll erst einmal nebenher mitlaufen und kann später dann je nach Bedarf verändert werden.

Gutes Gehalt zum Einstieg

Nach dem Master-Abschluss als Informatikerin hat Clara gleich einen gut bezahlten Job gefunden. Die 27-Jährige hat ein monatliches Nettogehalt von 3200 Euro. Das ermöglicht es ihr, von der WG in eine eigene Wohnung umzuziehen, für die sie pro Monat inklusive Nebenkosten 900 Euro bezahlt. Für Auto und Lebenshaltung kommen noch 1300 Euro an monatlichen Kosten hinzu. Der Kauf einer eigenen Wohnung ist auf absehbare Zeit nicht geplant, weil sie eventuell einige Berufsjahre im Ausland verbringen will.

- **Versicherungen.** Nach dem Studium benötigt sie eine eigene Privathaftpflichtversicherung und eine Auslandsreise-Krankenversicherung. Die rund 60 Euro im Jahr dafür finanziert sie aus ihren Lebenshaltungskosten. Sie schließt noch eine Berufsunfähigkeitsversicherung ab, für die sie 100 Euro pro Monat zahlt. Wenn die Wohnung fertig eingerichtet ist, will sie noch eine Hausratversicherung abschließen, weil sie plant, sich auch ein paar teurere Designer-Stücke zu leisten.

- **Geldreserve.** Sie besitzt ein Reserve-Guthaben von 2000 Euro, das sie jedoch weiter aufstocken will.
- **Anschaffungssparen.** Clara will Geld für die Wohnungseinrichtung auf die Seite legen, dabei aber auch gleichzeitig ihren Notgroschen ausbauen. Daher überweist sie monatlich 650 Euro auf ihr Tagesgeldkonto.
- **Vermögensaufbau.** Für den langfristigen Vermögensaufbau und die Altersvorsorge fließen 250 Euro pro Monat in einen ETF-Sparplan.

Die eigene Wohnung im Blick

Nach dem Abschluss der Ausbildung zum Landmaschinen-Mechatroniker wird der 21-jährige David von seinem Ausbildungsbetrieb übernommen und verdient netto 2100 Euro pro Monat. Er wohnt in einer ländlichen Gegend und hat sich eine preiswerte 1-Zimmer-Wohnung gemietet, für die er mit Nebenkosten 450 Euro pro Monat zahlt. Für Auto und Lebenshaltung braucht er 1200 Euro. Da die Wohnungspreise in seiner Region günstig sind, will er sich in einigen Jahren eine Eigentumswohnung kaufen. Die Großeltern haben für ihn einen Sparplan abgeschlossen und er konnte von seiner Ausbildungsvergütung schon Geld auf die Seite legen. Daher sind bereits Ersparnisse in Höhe von 20000 Euro als kleiner Grundstock vorhanden.

- **Versicherungen.** David benötigt nach der Ausbildung nun eine eigene Privathaftpflichtversicherung sowie eine Auslandsreise-Krankenversicherung, die er ebenfalls aus seinen Lebenshaltungskosten finanziert. Dazu kommt jetzt noch eine Berufsunfähigkeitsversicherung für 100 Euro monatlich.
- **Geldreserve und Anschaffungssparen.** Die 20000 Euro befinden sich je zur Hälfte auf einem Tages- und einem Festgeldkonto. Das ist deutlich mehr, als er für Notfälle und mittelfristige Anschaffungen benötigt – aber er möchte davon auch später so viel wie möglich als Eigenkapital beim Kauf der Wohnung einsetzen.
- **Eigenkapitalbildung.** Da der Wohnungskauf im Mittelpunkt seiner Planungen steht, verzichtet David auf risikobehaftete Fondssparpläne und schließt lieber einen Wohnriester-Bausparvertrag ab. Er zahlt 150 Euro monatlich ein und erhält dazu noch die Riester-Zulage. Anhand des Regelsparbeitrags ergibt sich eine Vertragssumme von 30000 Euro. Weitere 200 Euro überweist er jeden Monat per Dauerauftrag auf sein Tagesgeldkonto. Wenn er in ein paar Jahren als gestandener Mechatroniker mehr verdient, möchte er diese Zahlungen aufstocken.

Hilfe

ETF günstig kaufen

Was Banken dafür verlangen, dass sie das Depot führen und den ETF-Sparplan ausführen, ist sehr unterschiedlich. Gut möglich, dass Ihre Hausbank gar keine ETF-Sparpläne im Angebot hat. Leider gehören sie zu den Produkten, die in Bank- und Sparkassenfilialen nicht gern verkauft und höchst selten aktiv angeboten werden. Der Grund: Im Vergleich zu Sparplänen auf hauseigene Fonds bleiben für die Geldhäuser kaum Provisionen hängen.

Für Einsteigerinnen und Einsteiger, die keine Berührungsängste mit sogenannten Direktbanken haben, die nur über das Internet zu erreichen sind, sind ohnehin online geführte ETF-Sparpläne die bessere Wahl.

Kostenlose Sparpläne

Einige Anbieter verlangten in unserer Untersuchung vom Juli 2021 nicht einmal Kaufkosten. Bei drei Onlineanbietern ist derzeit das komplette Sparplanangebot kostenfrei zu haben:

- Flatex
- ING und
- Trade Republic.

Trade Republic ist als Smartphone-Broker (Neobroker) nur über eine App per Handy oder Tablet nutzbar.

Auch bei Scalable Capital können die Kunden einen beliebigen ETF und zusätzlich ausgewählte „Prime-ETF" gratis besparen.

Allerdings ist damit zu rechnen, dass die Kostenfreiheit irgendwann wieder aufgehoben wird. Dann können Sie mit den angesparten Anteilen zu einer anderen Bank umziehen, wenn die geänderten Konditionen nicht akzeptabel sind.

Den Sparplan online einrichten

Die Anmeldung bei einer Direktbank macht wenig Mühe. Sie gehen auf die Homepage der Bank und füllen die Kontounterlagen aus. Dann legitimieren Sie sich per Postident (in der Postfiliale) oder per Videoident (am heimischen Computer). In der Regel bekommen Sie zu Ihrem Depot auch ein Verrechnungskonto.

Im nächsten Schritt suchen Sie sich einen ETF aus (siehe „Die besten ETF für Einsteiger" auf der folgenden Seite). Für den Kauf benötigen Sie die zwölfstellige Isin, eine Kennnummer, mit der sich jedes Wertpapier eindeutig identifizieren lässt.
Wollen Sie regelmäßig sparen, legen Sie einen Sparplan auf den ETF an. Geben Sie dafür die Isin des ETF ein, den gewünschten Sparbetrag und den Turnus, in dem Sie sparen möchten. Das Geld wird dann regelmäßig vom Verrechnungskonto oder von Ihrem Girokonto abgebucht.

Erträge am besten wieder anlegen

ETF haben noch einen weiteren Vorteil: Sie werfen Erträge aus Aktiendividenden ab. Manche ETF schütten sie regelmäßig, zum Beispiel jährlich oder quartalsweise, an die Anlegerinnen und Anleger aus.

Neben diesen ausschüttenden Fonds gibt es auch ETF, die ihre Erträge automatisch wieder investieren. Das nennt man Thesaurierung. Dabei bleiben die Erträge im Fondsvermögen und werden wieder angelegt. Das hat bei langfristigen ETF-Sparplänen eine enorme Wirkung: Sie profitieren stark vom sogenannten Zinseszinseffekt, weil die Erträge ähnlich wie bei einem Sparbuch quasi wiederverzinst werden. So tragen sie zur zukünftigen Rendite bei. Achten Sie also darauf, dass Sie für den langfristigen Vermögensaufbau einen thesaurierenden ETF wählen.

Auswahlhilfe

Falls Sie bei den kostenlosen Anbietern nicht fündig werden oder diese die Sparpläne nicht mehr gratis anbieten, können Sie unseren regelmäßig aktualisierten Produktfinder für ETF-Sparpläne unter test.de/etf-sparplan konsultieren. Er hilft Ihnen, den passenden Anbieter zu finden. Sie können dort unter anderem nach der Zahl der sparplanfähigen ETF und den Jahreskosten filtern.

Die besten ETF für Einsteiger

Wir listen hier nur ETF auf breit gestreute, weltweit ausgerichtete Indizes, die sich für Einsteigerinnen und Einsteiger eignen. Häufig gibt es ETF auf denselben Index von unterschiedlichen Anbietern. Wir nennen hier jeweils den Anbieter und die Kennnummer des ETF, die Isin. Alle aufgeführten ETF tragen das Finanztest-Siegel „1. Wahl“ und sind darüber hinaus thesaurierend. Mehr zur Finanztestbewertung lesen Sie unter test.de/fonds.

MSCI World

Der Index umfasst rund 1600 Unternehmen aus 23 Industrieländern.

- Invesco (IE 00B 60S X39 4)
- iShares (IE 00B 4L5 Y98 3)
- Lyxor (LU 178 154 117 9)
- UBS (LU 034 028 516 1)
- Xtrackers (LU 027 420 869 2)

MSCI All Country World

Der Index umfasst rund 3000 Firmen aus 50 Industrie- und Schwellenländern.

- iShares (IE 00B 6R5 225 9)
- Lyxor (LU 182 922 021 6)
- Xtrackers (IE 00B GHQ 0G8 0)

FTSE Developed

Der Index umfasst rund 2200 Firmen aus 25 Industrie- und Schwellenländern.

- Vanguard (IE 00B K5B QV0 3)

FTSE All-World

Der Index umfasst rund 4000 Unternehmen aus 49 Industrie- und Schwellenländern.

- Vanguard (IE 00B K5B QT8 0)

MSCI World SRI Select Reduced Fossil Fuels

Der Nachhaltigkeitsindex umfasst rund 300 Unternehmen.

- iShares (IE 00B YX2 JD6 9)

MSCI World SRI Low Carbon Select

Der Nachhaltigkeitsindex umfasst rund 370 Unternehmen.

- UBS (LU 095 067 433 2)

Stichwortverzeichnis

Die Stiftung Warentest wurde 1964 auf Beschluss des Deutschen Bundestages gegründet, um dem Verbraucher durch vergleichende Tests von Waren und Dienstleistungen eine unabhängige und objektive Unterstützung zu bieten.

Wir kaufen – anonym im Handel, nehmen Dienstleistungen verdeckt in Anspruch.

Wir testen – mit wissenschaftlichen Methoden in unabhängigen Instituten nach unseren Vorgaben.

Wir bewerten – von sehr gut bis mangelhaft, ausschließlich auf Basis der objektivierten Untersuchungsergebnisse.

Wir veröffentlichen – anzeigenfrei in unseren Büchern, den Zeitschriften test und Finanztest und im Internet unter www.test.de

Der Autor: Thomas Hammer ist Wirtschaftsjournalist und Sachbuchautor. Er hat zahlreiche Ratgeber zu Finanzthemen veröffentlicht. Für die Stiftung Warentest hat er das Handbuch „Existenzgründung" und den Ratgeber „Finanzen nebenbei" geschrieben.

Stiftung Warentest
Lützowplatz 11–13
10785 Berlin
Telefon 0 30/26 31–0
Fax 0 30/26 31–25 25
www.test.de
email@stiftung-warentest.de

USt-IdNr.: DE136725570

Vorstand: Hubertus Primus
Weitere Mitglieder der Geschäftsleitung: Dr. Holger Brackemann, Julia Bönisch, Daniel Gläser

Programmleitung: Niclas Dewitz
Autor: Thomas Hammer
Projektleitung/Lektorat: Ursula Rieth
Mitarbeit: Merit Niemeitz
Korrektorat: Christoph Nettersheim
Fachliche Unterstützung: Roland Aulitzky, Kerstin Backofen, Marieke Einbrodt, Thomas Grund, Anne Hausdörfer, Bostjan Krisper, Susanne Meunier, Heike Nicodemus, Max Schmutzer
Titelentwurf: Josephine Rank, Berlin
Layout: Büro Brendel, Berlin
Grafik, Satz, Bildredaktion: Christian Königsmann
Bildnachweis: Gettyimages: Titel, 4, 5, 10, 18, 40, 52, 70, 90, 116, 144; Shutterstock: 13, 58, 147
Infografiken / Diagramme: Christian Königsmann: 5, 13, 50, 51, 79, 95, 123, 124, 140, 146, 147; René Reichelt: 5, 160; Martina Römer: 131, 159
Produktion: Vera Göring
Verlagsherstellung: Rita Brosius (Ltg.), Romy Alig, Susanne Beeh
Litho: tiff.any, Berlin
Druck: brandenburgische universitätsdruckerei, potsdam

ISBN: 978-3-7471-0376-0

Wir haben für dieses Buch 100 % Recyclingpapier und mineralölfreie Druckfarben verwendet. Stiftung Warentest druckt ausschließlich in Deutschland, weil hier hohe Umweltstandards gelten und kurze Transportwege für geringe CO_2-Emissionen sorgen. Auch die Weiterverarbeitung erfolgt ausschließlich in Deutschland.